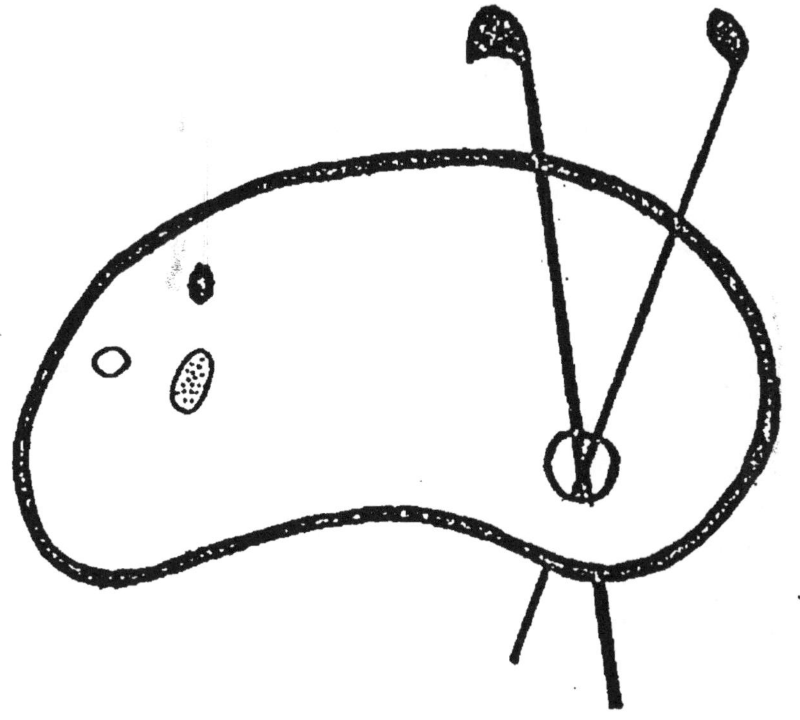

COUVERTURE SUPERIEURE ET INFERIEURE
EN COULEUR

L'ENFANT ET L'ADOLESCENT

NAISSANCE

PREMIERS PROTECTEURS

PROTECTION PHYSIQUE

PROTECTION MORALE

DEVOIR

DES ENFANTS

HOSPITALIERS

Paris, à la LIBRAIRIE ILLUSTRÉE, 8, rue St-Joseph

A la même Librairie

LA PHTISIE

HYGIÈNE CURE GUÉRISON

Par le DOCTEUR BEAULAVON

Un volume in-18 raisin, broché

Prix : 2 fr.

LES

PETITES INDUSTRIES D'AMATEURS

PAR **R. MANUEL**

268 gravures explicatives dans le texte

Un volume in-18 raisin, élégamment cartonné

Prix : 2 fr. 50

LES

PETITS ARTS D'AMATEURS

PAR **R. MANUEL**

118 gravures explicatives dans le texte

Un volume in-18 raisin, élégamment cartonné

Prix : 2 fr. 50

MONTGREDIEN & Cie, Éditeurs

8, Rue St-Joseph, 8

L'ENFANT

ET

L'ADOLESCENT

LOUIS DEFERT

L'Enfant et L'Adolescent

DANS LA SOCIÉTÉ MODERNE

AVEC UNE LETTRE-PRÉFACE

DE M. THÉOPHILE ROUSSEL

SÉNATEUR

PARIS

MONTGREDIEN ET Cie

LIBRAIRIE ILLUSTRÉE

8, RUE SAINT-JOSEPH, 8

A MONSIEUR LÉPINE

Préfet de Police

Grand-Officier de la Légion d'honneur.

A MONSIEUR LOUIS DEFERT

Paris, 19 avril 1897.

Monsieur,

Vous demandez mon sentiment sur le travail que vous allez publier sur « L'ENFANT ET L'ADOLESCENT DANS LA SOCIÉTÉ MODERNE ». *J'achève d'en lire le manuscrit et je dois vous féliciter d'abord d'avoir songé à combler une lacune fâcheuse en une matière sur laquelle, depuis vingt ans, on a tant écrit en France et à l'Étranger.*

Partout on considère l'amour de l'Enfant comme le premier et le meilleur des sentiments humains ; on est d'accord pour admettre que l'éducation et la protection de l'enfance sont les premiers des devoirs sociaux, ceux sur lesquels repose l'avenir même de la société.

Il n'est pas moins vrai que dans notre société moderne il se trouve un nombre considérable d'enfants qui naissent et grandissent sans protection de la famille et de la société, et dont l'évolution physique et morale, au lieu d'être un objet de sollicitude, est livrée à l'abandon, deviée, contrariée, altérée, en sorte qu'au lieu de devenir pour la société des membres utiles, ils n'en sont que des non-valeurs, des charges, une source de dangers et de dommages.

Vous vous abstenez d'aborder à nouveau ce sujet si grave et de reprendre ce qui aujourd'hui est bien connu sur les causes de ce mal social et sur les remèdes à y apporter. Vous placez votre lecteur en présence des faits qui se constatent chaque jour, dans une situation donnée, celle de notre pays, sous notre législation actuelle.

Vous faites, sans dissertations, sans commentaires, sans appareil scientifique, un tableau exact de la condition de l'enfant et du mineur sous l'empire de ces lois, et vous montrez la part que, à défaut des protecteurs naturels, l'assistance publique, la charité, l'administration en peuvent tirer pour assurer aux enfants abandonnés, délaissés ou maltraités, la protection et l'éducation qui leur manquent.

Vous constatez la part qui, dans le manque de protection, revient à l'ignorance de ceux qui devraient ou pourraient les secourir, et c'est pourquoi vous vous attachez soigneusement à mettre à la portée de tous, avec clarté et dans une mesure suffisante, les textes législatifs à l'aide desquels toutes les questions relatives à la situation de l'enfant et du mineur doivent être réglées.

C'est précisément par ce recueil de textes législatifs, sommairement exposés, que votre petit livre aura son caractère propre et sa principale utilité.

Ce ne sera pas une œuvre de science et de théorie, mais un livre pratique, un guide sûr, pour tous ceux qui par devoir ou par goût ont à s'occuper de la protection légale de l'Enfance. Les indications qu'il contient permettent de suivre la situation du mineur jusqu'à sa majorité ou son établissement définitif par le mariage.

Aux renseignements relatifs à la protection physique et morale de l'Enfant, à son travail, à ses devoirs, vous ajoutez ceux qui concernent la protection de ses biens, et c'est avec raison que vous les étendez jusqu'à la situation légale de l'Enfant avant sa nais-

sance et que vous donnez un résumé des résultats aujourd'hui acquis sur l'avortement et la mortinatalité, ainsi que sur les conditions de milieu dans lesquelles viennent au jour les Enfants pauvres et ceux des classes ouvrières, sur l'allaitement et l'élevage des nourrissons, sur les sages-femmes et les nourrices, sur les crèches et sur les secours préventifs de l'abandon des Enfants, particulièrement à Paris.

Votre travail est heureusement complété par une sorte de manuel des œuvres de l'Enfance à Paris, contenant l'énumération de toutes les associations, les œuvres et établissements divers consacrés à l'éducation et à la protection de l'Enfance malheureuse.

J'ai justifié, je crois, les félicitations que je vous adressais en commençant. Votre travail rendra des services, non seulement aux particuliers et aux associations qui s'occu-

pent de l'Enfance, mais à l'administration elle-même.

Après l'avoir lu, j'ai appris sans surprise que le Préfet de Police, M. Louis Lépine, en a accepté la Dédicace.

Ce témoignage d'estime de la part de celui dont la magistrature s'est signalée par une série ininterrompue d'utiles réformes est à la fois un honneur mérité et un gage assuré de succès.

Agréez, Monsieur, etc...

THÉOPHILE ROUSSEL.

INTRODUCTION

Une question passionnante est celle de la dépopulation de la France; elle tient depuis longtemps en haleine l'opinion publique, et, à juste titre, philosophes et physiologistes cherchent à la résoudre.

Nous n'avons pas la prétention d'étudier ce problème, encore moins d'indiquer une solution, et nous laisserons à des plumes plus autorisées que la nôtre la tâche de faire connaître les remèdes propres à combattre un mal qui a soulevé les légitimes alarmes de la nation française ; nous leur laisserons le soin d'énumérer et de définir les causes déterminantes de ce mal, d'exposer les moyens jugés les meilleurs pour supprimer ces causes.

Au nombre de celles-ci, il en est une que des événements récents, sur lesquels nous reviendrons, ont mise à l'ordre du jour. Nous voulons parler de la situation d'infériorité physique et morale dans laquelle sont placés des enfants que l'on peut diviser en trois catégories : d'abord ceux qui sont livrés à eux-mêmes par suite du manque de surveillance des parents insouciants et négligents ; ensuite les enfants abandonnés dont les parents ont disparu ; enfin ceux qui sont victimes des mauvais traitements, des tortures que leur infligent des parents ou concubins dénaturés, brutaux et cruels.

Cette situation d'infériorité compromet l'avenir social, l'existence même des petits malheureux.

Nous avons pensé qu'il serait intéressant de faire connaître quelle est exactement la condition de l'enfant et celle de l'adolescent dans la société moderne.

Sans faire une étude purement technique, qui serait trop aride, nous passerons en revue et nous citerons succinctement les textes qui régissent l'enfance et l'adolescence. Nous croyons que, dans la plupart des cas, le manque de connaissance de ces textes est la cause, tantôt directe, tantôt indirecte, qui prolonge la situation malheureuse dans laquelle se trouve l'enfant ou l'adolescent, et qui la perpétue souvent.

Par la connaissance, même très superficielle, de ces textes, du fonctionnement des services publics et des œuvres de bienfaisance, il deviendra au contraire aisé d'apporter à l'enfant un secours efficace, parce que l'on saura quelle est la cause du mal dont il souffre. Il sera possible d'attirer sur l'enfant la protection de la justice, de l'administration et des différentes sociétés, lorsque l'on saura exactement à quelle porte frapper ; il sera loisible de produire un effort utile et d'obtenir rapidement les moyens nécessaires pour rappeler à la vie physique et à la vie morale l'enfant, l'adolescent, qui, abandonnés à eux-mêmes, sont entraînés fatalement à commettre des fautes, à faire les premiers pas dans la voie de la paresse, de la débauche, du déshonneur.

Inapte à édifier un foyer, à fonder une famille, le dévoyé n'est pas seulement dans la nation une non-valeur, un parasite ; nuisible à lui-même, il devient nuisible à autrui, par ce seul fait qu'il ne remplit pas la mission première de l'homme : travailler pour assurer sa propre subsistance, travailler pour concourir à la prospérité de la société.

En publiant cette étude sur la condition de l'enfant dans la société moderne, nous pensons seconder utilement les efforts de tous ceux qui, sans distinction de parti, de religion, de caste, veulent, groupés sous le drapeau de la France, faire œuvre de charité et de solidarité humaine.

Enfin, les indications que nous donnons à la fin de cet ouvrage permettront aux services publics de fournir aux intéressés des renseignements qu'ils n'avaient pas jusqu'à présent à leur disposition.

L'ENFANT

ET

L'ADOLESCENT

CHAPITRE PREMIER

AVANT LA NAISSANCE

Avant de voir la lumière, dès le moment de sa conception, l'embryon qui deviendra un être humain doit, comme l'homme, avoir sa part de la sollicitude de la société ; il a droit à la protection des lois.

La mère, véritable tabernacle en qui réside le dépôt sacré, doit être et est couverte par cette protection.

L'autorité administrative et les institutions de bienfaisance accroissent justement, de jour en jour, l'étendue de cette protection, dans l'intérêt de l'enfant qui va naître, et travaillent ainsi à l'œuvre de la repopulation du pays.

De tout temps les législateurs se sont occupés de sauvegarder l'existence de la mère et de l'enfant pendant la gestation, en même temps que les intérêts de l'être à venir, pour assurer la valeur d'une unité de plus dans la société.

En l'état actuel des lois françaises, on remarque tout d'abord que la femme condamnée à mort, lorsqu'elle se déclare enceinte, est placée en observation ; elle est l'objet de soins particuliers et ne doit subir sa peine qu'après l'accouchement.

Ce sont là les prescriptions légales ; mais, fort heureusement, les sentiments d'humanité qui dominent en France empêchent que la femme ne subisse la peine de mort.

Accompagnons la femme pendant la durée

de l'état de grossesse ; nous voyons que les tentatives faites contre elle, en vue d'obtenir l'avortement, sont sévèrement réprimées, quels que soient les moyens employés et le but auquel on veuille faire servir ce crime.

La peine, qui normalement est celle de la réclusion, s'élève jusqu'à celle des travaux forcés quand les auteurs ou complices sont des médecins, sages-femmes, etc., qui ont précisément pour mission de protéger la vie des éléments dont se compose la société ; on se rappelle encore le trop fameux procès des faiseuses d'anges.

La femme qui a voulu se soustraire aux charges, pourtant glorieuses, de la maternité, est aussi punissable. Toutefois, elle échappe à la répression lorsque la tentative commise sur elle n'a pas été suivie d'effet. Cela peut, à première vue, paraître une anomalie ; mais en réfléchissant quelque peu, l'on voit combien il serait difficile de rechercher si une femme s'est livrée sur elle-même à des manœuvres coupables. La morale serait trop offensée par cette sorte d'inquisition.

Autrefois, avant 1832, toute violence commise contre une femme et ayant entraîné l'avortement était punie des peines que nous avons citées plus haut, même si les violences n'avaient pas eu pour but de provoquer l'avortement. Mais la jurisprudence établie a été modifiée depuis que des peines spéciales punissent les coups et blessures volontaires entraînant des conséquences que l'auteur ne recherchait pas.

Le mieux, dans ce cas, est devenu l'ennemi du bien. L'amélioration de la loi en ce qui concerne la généralité des citoyens, auteurs ou victimes, dans les cas de coups et blessures, se traduit en réalité par une restriction apportée à la protection dont était l'objet la femme enceinte.

Celle-ci est pour ainsi dire sans protection efficace; elle est simplement dans la situation de quiconque reçoit d'autrui des coups et des blessures, et il n'est pas tenu compte, d'une façon absolue, de la position dans laquelle elle se trouve.

Ce n'est pas que nous voulions critiquer la loi, mais nous exprimons une simple remarque.

Notre pensée ne nous appartient d'ailleurs pas en propre ; elle fournit à l'heure actuelle un objet d'études à plusieurs jurisconsultes, à des législateurs, et très certainement de nouvelles modifications seront, sur ce point spécial, apportées aux lois qui dans tout autre cas accordent à la femme enceinte une sollicitude attentive.

Les dispositions actuelles de la loi, en ce qui concerne les coups et blessures à l'égard de la femme enceinte, sont évidemment regrettables, car dans certains milieux sociaux les conditions de la vie sont particulièrement dures pour la femme, soumise aux brutalités du mari ou de l'amant.

Quand l'homme est violent ou alcoolique, on a tout lieu de craindre, et les faits sont là pour le prouver, qu'il ne se livre à des voies de fait sur sa femme ou sa maîtresse ; la jeune fille qui a commis une faute n'a-t-elle pas à redouter aussi l'emportement du père?

Ce sont là des faits qu'il est bien difficile de faire tomber sous l'application des lois.

Mais il n'en est pas moins vrai que l'enfant est destiné le plus souvent à ne pas naître viable, ou à venir au monde dans des conditions mauvaises, estropié, rachitique, privé de santé.

En dehors de la loi et surtout au point de vue moral, chacun s'intéresse à la femme enceinte; les bureaux de bienfaisance ont à son intention des crédits destinés à distribuer des secours spéciaux, dits secours de grossesse, qui lui permettent de cesser son travail au moment où tout excès de fatigue deviendra pour elle une souffrance et quelquefois un danger.

Quelle est l'importance de ces crédits, de quelle manière sont-ils répartis? Nous n'avons pas cru devoir nous étendre sur ces points, notre ouvrage n'étant pas une œuvre critique.

En outre de ces secours, la femme enceinte a la faculté d'entrer dans des ouvroirs créés par l'initiative privée, toujours prête à faire le bien. On en verra la nomenclature à la fin de cet ouvrage.

La femme peut également entrer dans certains hôpitaux qui lui sont spécialement affectés ; tels l'hôpital Baudelocque, la Clinique d'accouchement et la Maternité. En justifiant de son indigence et de l'approche de son accouchement, elle peut entrer dans les ouvroirs et les hôpitaux, un mois avant l'époque de sa délivrance.

On verra plus loin quels sont les soins dont la femme est l'objet dans les asiles et les hôpitaux, quelle est la durée de son séjour, etc.

Ce qui précède expose comment est protégée la femme avant son accouchement, afin d'assurer la vie de l'enfant qu'elle porte ; mais la loi ne manque pas d'étendre sa protection sur les biens de l'enfant, même avant la venue au monde de celui-ci, afin de permettre que, plus tard, il puisse par lui-même assurer sa subsistance et son établissement, afin surtout d'éviter que, spolié avant d'avoir vécu, il ne vienne augmenter le nombre des non-valeurs à charge à la société.

Lorsqu'au décès de son mari une femme se déclare enceinte, le conseil de famille nomme un curateur au ventre, qui a spécialement pour mission de surveiller la grossesse et d'empêcher tout crime contre l'enfant.

Plus tard, le curateur au ventre devient tuteur et surveille l'administration des biens de l'enfant, au mieux des intérêts de celui-ci.

Il y a lieu de remarquer, en effet, qu'un don peut être fait, par voie testamentaire seulement, à un enfant simplement conçu, et la donation est pleinement valable si l'enfant naît viable, même lorsqu'il succombe quelques instants après sa naissance (par suite d'un crime, par exemple).

D'autre part, au moment de sa naissance, le nouveau-né est aussi protégé contre le père légitime qui peut être tenté d'introduire une action en désaveu de paternité, ayant pour but de le priver de tous les droits attachés à la qualité d'enfant légitime, droits que nous examinerons plus tard.

La loi pose en principe que tout enfant né pendant le mariage a pour père le mari, mais elle laisse à celui-ci la faculté, dans certains cas limitativement déterminés, de désavouer l'enfant de sa femme, s'il naît moins de six mois après la célébration du mariage, ou bien encore dans certains cas de séparation, d'éloignement, etc.

Le mari pouvant céder à un mouvement irréfléchi, il importait de protéger l'enfant d'une manière efficace.

CHAPITRE II

LA NAISSANCE — LES ENFANTS TROUVÉS

La mère est entrée dans un hôpital, dans un asile, ou bien, assez fortunée, elle attend à domicile le moment de ses couches ; nous savons quelles protections s'étendent sur elle et sur son enfant.

Voyons maintenant quelles formalités sont obligatoires au moment de la naissance.

Dans le but de protéger le nouveau-né, au point de vue de la double conservation de sa personne et de ses biens, différentes formalités d'état civil ont été prescrites, et leur inobservation entraîne des peines correctionnelles. Dans les trois jours qui suivent la naissance, l'enfant doit être déclaré à la mairie et représenté à l'officier de l'état civil.

La déclaration doit être faite par le père, le médecin ou la sage-femme qui a procédé à l'accouchement, ou par toute autre personne y ayant assisté, en ayant eu connaissance, même étrangère à la famille, fût-ce un simple voisin.

Il arrive encore assez fréquemment que cette formalité n'est pas remplie par des personnes qui ne croient pas y être tenues en raison de leur non parenté avec l'accouchée. C'est là une erreur qu'il est bon de dissiper, et l'on ne saurait trop engager les personnes ayant connaissance d'un accouchement à en faire la déclaration à la mairie, comme il est prescrit. C'est dans l'intérêt même de ces personnes qui pourraient, en plus d'un cas, être comprises dans des poursuites par suite de cette négligence de leur part.

L'acte d'état civil, dressé conformément aux dires des déclarants, contient entre autres indications l'heure de la naissance.

Il en résulte que, contrairement à la croyance généralement répandue, l'aîné de deux jumeaux est bien, civilement, celui qui a vu le jour le premier.

Physiologiquement, l'aîné est celui qui naît le dernier, parce qu'il est considéré comme ayant été conçu le premier.

Civilement, c'est le contraire. Le point est intéressant à préciser, eu égard surtout aux questions complexes d'intérêts ou de droits successoraux qui peuvent être soulevées par suite du décès de l'un des deux jumeaux, ou de la mère.

Chaque naissance doit naturellement donner lieu à des actes séparés.

Il ne faut pas perdre de vue non plus que l'enfant mort-né doit également être déclaré.

A ce propos, une remarque est indispensable : l'enfant mort-né n'est pas seulement l'enfant né à terme non viable, mais le fœtus à tous les âges de gestation, à compter du deuxième mois.

L'enfant naissant se trouve dans un des quatre cas suivants :

Il est légitime,

Ou naturel,

Ou adultérin,

Ou incestueux.

Ces deux dernières catégories d'enfants se trouvent hors la loi, en ce sens qu'ils ne peuvent être légitimés par le mariage subséquent de leurs père et mère, et que ceux-ci ne peuvent pas les reconnaître. Ces enfants ne peuvent hériter de leurs parents, et la loi ne leur accorde que des aliments.

Au point de vue de la protection de l'enfant, les dispositions qui précèdent semblent ne pas atteindre le but.

Il est évident que le législateur, en édictant pareilles mesures, a voulu suspendre une menace sur la tête des adultères ou des incestes : si de vos relations coupables naît un enfant, celui-ci sera hors la loi ; vous aurez donné naissance à un être qui n'aura pas sa place dans la société.

C'est mettre un frein, sinon un terme, au délit d'adultère, au crime d'inceste; malgré cela, l'un et l'autre sont encore trop fréquents. Qu'importe la loi aux uns ou aux autres?

Que leur fait la mise hors la loi du paria auquel ils risquent de donner la vie?

Leur esprit est tellement hynoptisé par la passion qu ils n'entrevoient même pas la possibilité d'une naissance.

Qu'est une infamie de plus pour qui n'a pas hésité à violer du même coup les lois humaines, les lois morales, et pour beaucoup les lois religieuses?

Nombreux sont toujours les enfants nés de l'adultère ou de l'inceste et pour lesquels la loi restreint sa protection!

On ne peut pourtant pas, sous prétexte de repopulation, sous couleur de sauvegarder l'existence et d'assurer la subsistance de tout nouveau-né, pour ajouter à la société une nouvelle unité, encourager l'adultère et glorifier l'inceste.

Nous examinerons plus loin quels sont les

droits pleiniers des enfants légitimes, et ceux amoindris des enfants naturels.

L'enfant naissant peut être victime de crimes ou de délits ayant pour but de compromettre, soit sa personne, soit son état civil.

En première ligne se place l'infanticide, puni de la peine de mort, qu'il soit commis par la mère ou par toute autre personne.

L'infanticide n'est autre chose que le meurtre, c'est-à-dire l'homicide, commis volontairement sur un nouveau-né.

Le caractère récent de la naissance est obligatoire pour que le crime soit dénommé infanticide; mais, contrairement à une opinion très répandue, il ne s'ensuit pas forcément que la mère seule puisse être coupable de cet attentat. On cite des exemples (fort rares à la vérité) de tiers, le plus souvent intéressés, ayant commis semblable crime contre l'enfant à sa naissance.

D'autres actes coupables, également peu fréquents, sont ceux qui consistent à déclaer à l'officier de l'état civil, comme né l'une certaine femme, un enfant dont celle-ci n'est pas accouchée ; c'est ce qu'on appelle a supposition d'enfant. Il arrive aussi qu'une emme, accouchant d'un enfant mort-né, substitue à celui-ci un enfant nouveau-né et viable. Ou encore on substitue un garçon à une fille et inversement.

Dans la majorité des cas de ce genre, des ntérêts considérables sont engagés, et la crainte de voir échapper une fortune, dont 'enfant est le propriétaire ou l'usufruitier, entraîne la mère ou des héritiers quelconques à commettre ces crimes. La réclusion, l'emprisonnement, suivant la gravité des cas, attendent ceux qui, par amour du lucre, se rendent coupables de l'un ou de l'autre de ces attentats.

Il en est de même pour ceux qui enlèvent un enfant ou refusent de le représenter aux personnes ayant droit de le réclamer. L'intérêt qu'il y a parfois à commettre la supposition ou la substitution d'enfant apparaîtra beaucoup plus nettement lorsque nous traiterons de la protection des biens. Il appartient dans ce cas à l'enfant ou à ses représentants d'introduire un procès en revendication de son état civil, pour pouvoir jouir de tous les droits dont il a été frustré.

L'enfant naturel peut être reconnu à la fois par le père et par la mère, ou seulement par l'un d'eux. Si la reconnaissance n'est pas faite dans l'acte de déclaration de naissance, elle peut être faite ultérieurement devant l'officier de l'état civil ou devant notaire.

L'indication du nom de la mère dans l'acte de naissance n'est pas suffisante pour constituer reconnaissance au profit de l'enfant. Il est nécessaire qu'une déclaration spéciale et formelle soit faite par elle.

L'enfant naturel reconnu par le père porte le nom de celui-ci, qui est par suite investi de tous les droits de la puissance paternelle, sauf cependant sur un point : les parents naturels ne peuvent obtenir d'aliments qu'autant qu'ils justifient avoir élevé et nourri leurs enfants. S'il n'en était ainsi, les enfants naturels deviendraient un sujet d'exploitation malhonnête. Un homme dépourvu de préjugés et de scrupules reconnaîtrait un nombre considérable d'enfants dont il ne serait pas le père, et lorsque, au bout de plusieurs années, certains d'entre ceux-ci auraient, par leur travail, acquis une situation aisée, il réclamerait à chacun d'eux une pension alimentaire, et le bien-être récompenserait son cynisme.

Malgré les précautions prises par la loi, le cas s'est produit.

La recherche de la paternité est interdite par la loi française, sauf cependant dans un seul cas : quand la mère a été enlevée et que l'époque de l'enlèvement se rapporte à celle de la conception.

Plusieurs tentatives ont déjà été faites par des législateurs pour que la loi facilite la recherche de la paternité.

Actuellement, la Chambre des Députés est saisie d'une proposition de M. Gustave Rivet qui, si elle était adoptée, permettrait la recherche de la paternité, pourvu qu'il y ait preuves écrites, faits constants ou témoignages suffisants.

Pénétré de ce principe du droit français que quiconque cause un dommage à autrui est tenu de le réparer, M. Rivet demande que la mère ait la faculté, si elle n'est épousée, de réclamer des dommages-intérêts et des aliments pour l'enfant.

Nous ne savons quel sort est réservé à cette proposition, mais, cela est incontestable, la situation des malheureuses filles-mères est digne d'intérêt.

Nous sommes les premiers à reconnaître que la recherche de la paternité, admise largement, jetterait dans les familles un trouble profond et serait une source inépuisable de chantage.

Mais il n'en est pas moins vrai que dans certains cas la protection accordée par la loi aux Don Juan de toutes catégories est vraiment immorale, en ce qu'elle ne permet pas de les rendre civilement responsables de leurs actes.

S'il est difficile ou même quelquefois impossible d'apprécier le degré de confiance que l'on peut accorder aux affirmations d'une femme, toujours disposée à trouver dans la plus riche de ses relations le père de son enfant, il n'en est pas moins vrai — et c'est là que la loi devrait intervenir — que le fait de détourner une jeune fille de sa famille doit être sévèrement jugé.

Dans cet ordre d'idées, on pourrait peut-être, tout en refrénant le zèle intempestif des femmes de mœurs légères, voter une loi permettant, dans certains cas limitativement déterminés, de protéger utilement les malheureuses filles qui croient échapper à la honte en recourant à l'avortement ou à l'infanticide. En outre que des crimes de ce genre seraient parfois évités, on aurait de grandes chances de voir diminuer le contingent des suicides et le nombre des jeunes personnes qui, écœurées de l'existence avant d'avoir vécu, se livrent à plein corps à la débauche.

Il est en effet curieux d'observer combien les mêmes causes produisent des effets différents.

Une jeune fille dans sa famille recule le plus souvent devant l'humiliation d'avouer à ses parents son état de grossesse. Si elle se voit abandonnée et trop faible pour vivre en dehors du logis paternel, elle cherche dans le suicide l'oubli de ses douleurs.

De là, ces nombreuses tentatives faites soit par le poison, soit par l'immersion — deux moyens communément employés dans les drames de l'amour.

Si, au contraire, elle a un caractère plus fort, ou une plus grande connaissance de la vie, elle quitte père et mère pour aller cacher sa grossesse là où elle se croira introuvable.

Pendant quelque temps, elle fera un retour sur elle-même; mais par la suite, habituée à voir les liaisons amoureuses des camarades d'atelier et à entendre leurs propos grivois, elle se fera à l'idée d'avoir un nouvel amant.

Si son gain le lui permet, elle aura, bien que cela paraisse un paradoxe, une conduite régulière, tout en se lançant dans le vice.

Dans le cas contraire, elle glissera de liaison en liaison jusqu'à la fange où le Dispensaire de salubrité trouve ses clientes habituelles, et ces beaux résultats seront tous l'œuvre du premier séducteur.

Si l'enfant naturel n'est pas favorisé en France, il est bon de remarquer que dans certains pays de l'Allemagne, en Autriche-Hongrie, en Espagne, en Angleterre notamment, la recherche de la paternité est permise.

En Angleterre, la mère a la faculté d'assigner son séducteur dans les douze mois qui suivent l'accouchement, et si, après avoir prêté serment, elle présente des preuves corroborant ses dires, le père peut être condamné à payer une pension alimentaire.

Les enfants naturels peuvent être légitimés par le mariage subséquent de leurs père et mère ; ils ont alors les mêmes droits que les enfants légitimes. Ils peuvent même être légitimés après leur décès, mais, dans ce cas, l'effet de la légitimation profite à leurs descendants.

Nous avons vu les différentes classes d'enfants, sauf une, la plus intéressante peut-être, et que nous nous garderons de passer sous silence : c'est celle des enfants trouvés.

Tout enfant trouvé, soit sur la voie publique, soit en un lieu quelconque, dans des conditions établissant un abandon volontaire, doit être immédiatement remis au maire de l'arrondissement. Dans la pratique, l'enfant est porté, à Paris, devant le Commissaire de Police qui dresse procès-verbal de l'abandon, et en fait rechercher les auteurs.

Le maire de l'arrondissement, immédiatement avisé, dresse à son tour un procès-verbal spécial et établit un état civil particulier à l'enfant, à qui il donne un nom à son choix.

Le plus souvent, ce nom se rapporte à la rue, à l'endroit où l'enfant fut trouvé, au saint du jour, à quelque événement, à quelque circonstance digne d'appeler l'attention. — Témoin la petite *Lucie Bagarre*, trouvée au quartier Latin pendant les émeutes des étudiants en 1893.

L'enfant est ensuite porté à l'hospice des Enfants assistés, s'il a moins de deux ans et, dans le cas contraire, conduit à la Préfecture de Police, d'où il est dirigé sur le même hospice, et placé sous la tutelle de l'Assistance publique.

Nous ne saurions trop engager les personnes qui trouvent un enfant à le porter sur-le-champ à l'officier compétent car, tout entraînées qu'elles pourraient être par des sentiments généreux, elles risqueraient d'être poursuivies correctionnellement et punies des mêmes peines que ceux qui ne font pas de déclaration de naissance.

Les enfants qui se sont égarés sont conduits à la Préfecture de Police et conservés dans une annexe spécialement aménagée à leur intention. Ils restent là, sous la garde de surveillantes, jusqu'à ce que leurs parents viennent les réclamer. Les enfants trouvés égarés doivent être remis aussitôt à un gardien de la paix, et ce serait un mauvais service que de les promener par les rues à la recherche de leurs parents qui sont peut-être d'un côté opposé.

Ceux-ci doivent se rendre immédiatement au Poste de Police pour faire leur déclaration. Comme une dépêche est envoyée dans les deux cas, il en résulte que le bambin sera rendu bientôt à ses parents.

CHAPITRE III

LA MORTINATALITÉ — LA MORTALITÉ — LE RÊVE DE M. BERTILLON

Après avoir parlé succinctement des crimes qui peuvent être commis sur l'enfant, soit avant, soit après sa naissance, il n'est pas sans intérêt de rechercher quelle est la proportion des enfants mort-nés par rapport au nombre des naissances, et d'examiner les causes les plus fréquentes de la mortinatalité aux différentes périodes de la gestation.

Cette statistique n'étant guère relevée que dans le département de la Seine, nous n'examinerons que les chiffres de Paris, pour la période de 1886 à 1890, — soit pour cinq ans.

Pendant ce temps, il est né à Paris 323,249 enfants, sur lesquels on compte 22,047 morts entre le 2e et le 9e mois de gestation.

Ce sont là les chiffres officiels. Ils portent sur des fausses couches pouvant passer pour régulières ; mais si l'on ajoute le nombre des avortements criminels qui, en raison de leur nature même, n'ont pas été déclarés dans les mairies, on arrive à des chiffres formidables et effrayants.

Les statistiques de la Préfecture de Police mentionnent que pendant cette période de cinq années, de 1886 à 1890, 989 avortements et infanticides ont été découverts.

Nous arrivons ainsi au chiffre « connu » de 23,036 unités disparues, soit une moyenne annuelle de 4,607 enfants pour Paris seulement, et nous n'avons pas encore parlé de la mortalité des enfants aux différents âges de l'élevage.

Il n'existe pas de statistique générale pour

toute la France, cela est fort regrettable, car on obtiendrait des chiffres dont l'horrible éloquence répondrait brutalement à ceux qui recherchent les causes de la dépopulation.

Mais, objectera-t-on, ces causes ne sont pas originelles ; elles ne sont en réalité que les effets d'autres causes que l'on peut qualifier primordiales, et c'est précisément celles-ci qu'il faut déterminer pour tenter au moins d'en atrophier d'abord, d'en détruire ensuite le germe.

En un mot : A quoi faut-il attribuer le nombre des avortements volontaires ou involontaires ? M. le docteur Jacques Bertillon, chef des travaux statistiques de la Ville de Paris, à qui nous empruntons ces chiffres, extraits de son remarquable travail sur la mortinatalité, estime que la misère est un facteur important dans la mortalité des enfants. Elle provoque toutes sortes de maladies, découlant du manque de soins donnés à la mère ou à l'enfant, et elle aide puissamment au développement des maladies transmissibles par l'hérédité, telles que la tuberculose ou la syphilis.

Cette mortinatalité porte surtout sur les fœtus du sexe masculin. Pourquoi? Personne ne le sait au juste. Elle porte aussi de préférence sur les illégitimes.

La mortinatalité n'est en effet, sur 1,000, que de 64,1 pour les légitimes; elle s'élève à 78,7 sur 1,000 pour les illégitimes.

Il est plus facile de trouver une explication sur ce dernier point.

Il faut bien admettre que les filles-mères, et la majorité des ménages irréguliers, vivent, surtout à Paris, dans des conditions hygiéniques absolument défectueuses. Le plus souvent abandonnées à elles-mêmes, les malheureuses mères, obligées de s'employer à des travaux pénibles, quelquefois sans gîte et sans pain, vivent — pardon de l'ironie du mot — d'une façon impropre à permettre l'existence de l'enfant qu'elles portent dans leur sein.

Si l'on ajoute à cela les maladies de la mère et les violences dont elle est souvent l'objet de la part du mari ou de l'amant, brutal ou alcoolique, on n'est plus étonné du chiffre élevé de la mortinatalité.

Après avoir constaté les services rendus avant la naissance et signalé nombre d'efforts faits dans le but d'enrayer la mortinatalité, il est permis de se demander s'il ne serait pas possible de faire mieux encore. A ce sujet, nous ne pouvons nous empêcher de rapporter une idée grande et généreuse émise devant nous par M. le docteur Jacques Bertillon, déjà cité par nous au cours de cette étude.

M. Bertillon ne nous tiendra pas rigueur si nous ne nous conformons pas strictement à ses désirs en parlant de lui ; nous pensons d'ailleurs ne pouvoir mieux nous excuser qu'en répétant textuellement ses propres expressions : « Mon idée est un rêve, une divagation ! »

Supprimant d'une manière presque complète le crédit des secours préventifs d'abandon, il voudrait voir créer un vaste établissement nourricier où les enfants seraient reçus dès leur plus jeune âge et gardés jusqu'à leur sevrage.

Cet établissement comporterait trois parties bien distinctes :

La première consisterait en une sorte de lazaret, où le nouveau-né serait mis en observation afin que l'on puisse reconnaître et classer les enfants atteints de maladies héréditaires ou contagieuses. Dans la seconde partie, isolée du reste de l'établissement, les enfants seraient soignés par des femmes d'une santé parfaite et d'une propreté souvent mise à l'épreuve.

Leur allaitement se ferait au biberon, au moyen du lait stérilisé.

M. Bertillon est persuadé que, malgré l'examen le plus minutieux dont elles sont l'objet de la part des médecins, les nourrices peuvent ne pas être saines, tout en présentant les apparences d'une santé florissante.

Il n'est pas rare, en effet, de voir des nourrices atteintes de la tuberculose ou ayant dans le sang des germes syphilitiques.

En les écartant d'une manière absolue, M. Bertillon s'en tiendrait à l'allaitement artificiel. Grand partisan des doctrines pasteuriennes, il annihilerait au moyen d'appareils stérilisateurs ou désinfectants les germes morbides susceptibles de s'introduire dans son établissement, d'une manière ou sous une forme quelconques.

Il détruirait aussi, dans le lait, tous les mauvais principes transmis par la vache ou autrement.

Les biberons, tétines, langes et objets quels qu'ils soient servant à l'usage de l'enfant, seraient lavés d'une manière particulièrement soignée, grattés si besoin était; puis, avant un rinçage définitif, tout sans exception passerait à l'étuve à désinfection. Cette étuve serait naturellement dans la troisième partie de l'établissement et disposée de telle sorte que les employés, récepteurs du linge ou des objets susceptibles d'être contaminés, ne pourraient avoir de contact avec ceux recevant la lingerie ou la biberonnerie après désinfection. C'est, du reste, le système actuellement employé dans les étuves de la Ville de Paris.

Inutile de dire que les enfants recevraient les soins les plus minutieux et que le pavillon d'allaitement serait situé au milieu d'un jardin bien placé au point de vue de l'hygiène. Les poupons florissants pourraient y être conduits pour goûter l'air et quelques chauds rayons de soleil.

Naturellement, la salle d'allaitement serait vaste, aérée et l'air entretenu constamment pur.

M. Bertillon continuait sa rêverie en nous disant que nul ne pourrait être admis dans cette salle, pas même la mère ; que les nourrices seraient soumises à un régime sévère et privées de toute communication avec le dehors. Tout au plus une fois ou deux par an leur accorderait-on un congé indispensable.

M. Bertillon ferait un grand effort sur lui-même en permettant aux mères de venir voir leur enfant à travers des vitres.

Par ce moyen rigoureux, il prétend arriver à écarter d'une manière presque absolue toutes les maladies autres que la méningite, la syphilis et la tuberculose. Comme on le voit, l'idée de M. Bertillon est des plus captivantes, mais nous trouvons que peut-être elle est poussée à l'excès.

Toute la première partie de son programme est fort intéressante et elle serait parfaitement réalisable.

Son auteur sait bien qu'il va loin dans la rêverie, mais on le comprend en sentant combien cet homme, passionné d'études médicales, aime les enfants. En chaud partisan de la repopulation, il s'attache à son œuvre, en devient intransigeant, et il ne voudrait pas céder sur un seul point de ses idées.

Il est à souhaiter que dans un temps donné on lui fasse violence en créant des établissements nourriciers où les femmes malheureuses pourraient faire élever leurs enfants gratuitement, au grand jour, et sans avoir à supporter la douleur d'un cruel abandon.

Ce service ferait honorablement suite à celui créé pour l'élevage, dans les couveuses artificielles, des enfants venus avant terme.

Nous le disions plus haut, la femme peut faire ses couches dans trois hôpitaux qui lui sont spécialement affectés.

Il faut cependant se rappeler qu'il existe des services de maternité dans la plupart des hôpitaux d'adultes ; la femme y peut entrer en cas d'urgence et y rester au moins onze jours après ses couches.

Qu'elle y entre pour faire ses couches ou pour une maladie quelconque, la mère ne doit pas avoir à s'inquiéter du sort de ses enfants s'ils sont trop jeunes pour rester seuls.

Trop souvent, préoccupée d'assurer leur subsistance et peinée de les laisser abandonnés à eux-mêmes, elle hésite à entrer à l'hôpital, où cependant elle devrait au plus tôt recevoir des soins. Si, terrassée par la maladie, elle s'y détermine, laissant ses enfants seuls ou à la garde des voisins, c'est pour elle une source de souffrances morales pendant qu'elle est clouée sur un lit de douleur.

Qu'elle se rassure ! L'Assistance publique doit recueillir les enfants, quel que soit leur nombre, pendant toute la durée de la maladie du père ou de la mère, si personne ne reste pour veiller sur eux et subvenir à leurs besoins.

N'hésitez donc pas, mères! Emmenez avec vous vos enfants à l'hôpital où ils seront recueillis. Pendant que vous recevrez les soins éclairés du personnel médical, vos chers petits seront hospitalisés dans les services des Enfants assistés; s'ils sont faibles et maladifs, ils recevront des soins appropriés, et au besoin iront à la campagne, notamment à l'hôpital de Berck-sur-Mer. Lorsque vous sortirez complètement rétablie, vous aurez le cœur content de savoir que vos enfants n'ont pas souffert. Vous rentrerez d'autan plus heureuse au logis qu'au lieu d'avoir à payer aux voisines des soins peu éclairés vous y pourrez ramener vos enfants roses e joufflus. Ainsi donc, faites conduire les chers petits à l'hôpital, sans hésitation. Si, par malheur, une arrestation venait à priver le enfants de leurs père et mère, procédez de même manière, mais en conduisant ces bambins chez le Commissaire de Police.

Les enfants ont, eux aussi, des hôpitaux spéciaux où ils sont reçus jusqu'à l'âge de quinze ans : nous avons nommé l'hôpital Trousseau et l'hôpital des Enfants-Malades, d'où ils peuvent être dirigés sur des asiles de convalescence établis en province. Cette organisation restreint dans une forte proportion la mortalité des enfants du premier âge.

Néanmoins, le nombre de ceux qui disparaissent chaque année et viennent augmenter par leur décès prématuré les chiffres déjà considérables de la mortalité est important.

La statistique municipale de Paris, tout en ne portant que sur le département de la Seine, donnera une idée suffisamment nette de la mortalité des enfants sur tout le territoire français.

Pendant l'année 1894, on a enregistré à Paris le décès de 7,163 enfants au-dessous d'un an, et de 4,738, âgés de un à quatre ans.

On remarque toujours que la mortalité des garçons l'emporte sur celle des filles, et qu'elle est plus considérable, toute proportion gardée, dans les arrondissements où existent des usines et de grandes agglomérations ouvrières.

Cela tient à ce que la population trop dense, dans un espace restreint, empire à son détriment des conditions hygiéniques déjà défectueuses. Les fâcheuses dispositions intérieures des habitations ouvrières, les conditions difficiles de la vie matérielle, la proximité des ateliers et des usines, qui laissent échapper des fumées et des gaz acides toxiques, vicient forcément l'atmosphère. Rapidement le développement des germes morbides se produit, et avec d'autant plus de facilité qu'ils se répandent dans des milieux appropriés à leur culture, dans des demeures où la famille nombreuse est parquée, entassée et non pas logée. En recherchant les causes de la mortalité des enfants âgés de moins d'un an, on voit figurer en première ligne la diarrhée infantile, puis la bronchite et la broncho-pneumonie, enfin la débilité congénitale.

Les autres maladies de l'enfance entraînent aussi des décès; mais elles sont plus variées et leur action s'exerce dans une moins forte proportion.

Les enfants élevés au sein succombent à la diarrhée infantile en aussi grand nombre que ceux élevés au biberon. Cette maladie, la plus terrible avec la diphtérie, est la plupart du temps imputable à la mère. Celle-ci en est, d'ailleurs, la cause très involontaire.

D'abord, dans les classes ouvrières, la mère est dans un état particulier d'hygiène dont les conditions déjà mauvaises sont rendues pires par l'absorption de liquides frelatés et malsains; pendant les mois de juillet et août, époque des grandes chaleurs, les fruits, mangés en certaine quantité, sont, ou peu mûrs, ou avariés. Plus la température est élevée, plus aisément ils fermentent dans le corps humain et provoquent une diarrhée passagère, forme particulière de l'inflammation d'intestins. L'enfant, élevé au sein de la mère, subit le contre-coup de cette alimentation vicieuse. De là provient un grand nombre de décès.

Lorsqu'il s'agit de l'élevage au biberon, la nourriture lactée est fréquemment mauvaise par suite des falsifications par addition de l'eau ou d'autres substances beaucoup plus nuisibles; le lait impur s'aigrit rapidement, cesse d'être un aliment nutritif et devient un poison véritable; trop souvent le biberon mal nettoyé est un réceptacle à microbes.

Cela provoque encore un accroissement de mortalité à l'époque de la canicule.

Les bronchites et les broncho-pneumonies ont des causes multiples, mais assez souvent elles proviennent de l'état d'humidité auquel est soumis l'enfant, ou de refroidissements éprouvés, par suite de la négligence de la mère ou de la nourrice. Celles-ci, parfois, négligent de changer les linges qui enveloppent l'enfant lorsqu'il vient de satisfaire à quelque exigence de la nature.

Enfin, quand la mère cherche à dissimuler sa grossesse au moyen de la compression par le corset, ou lorsqu'elle se livre sur elle-même à des manœuvres abortives demeurant sans effet, le nouveau-né est atteint de débilité congénitale.

Il en est de même si la mère a subi des mauvais traitements pendant sa grossesse ou si son alimentation est défectueuse et insuffisante.

Cette débilité congénitale est un manque de force qui augmente sans cesse par l'élevage au sein, puisque la source de cette faiblesse continue à exercer sa malheureuse influence. Cela explique que, dans certains cas, la nourriture au biberon est préférable à l'élevage au sein. Si l'alimentation artificielle parvient à sauver des enfants considérés comme perdus, elle ne peut cependant être mise en parallèle avec le sein d'une bonne nourrice.

On a remarqué que certaines maladies épidémiques, par exemple la rougeole et la dyphtérie, exerçaient leur influence meurtrière principalement pendant les premiers mois de l'année et se montraient également néfastes en avril et en mai. Cela tient à l'humidité habituelle de l'air à ces époques, de l'air qui n'a pas une action nourricière et réconfortante suffisante, par suite de l'absence ou du peu de vigueur des rayons solaires.

L'humidité est en effet un des véhicules les mieux affectionnés des maladies épidémiques, qui disparaissent plus facilement si l'atmosphère est sèche, quitte à se développer à nouveau quand, par suite d'une élévation de température, l'orage charge l'atmosphère d'humidité. On peut donc conclure, sur ce point, qu'il est absolument indispensable de donner, à la fois à la mère et à l'enfant, une nourriture appropriée, et qu'il faut améliorer le plus possible les conditions hygiéniques de l'habitation.

L'initiative prise par le Conseil municipal de Paris de distribuer du lait stérilisé est des plus louables; il est à souhaiter que, dans les villes où existent de grandes agglomérations, cette distribution se fasse dans la plus large mesure à toutes les mères justifiant qu'elles élèvent leurs enfants près d'elles.

La stérilisation du lait est excellente surtout si elle est produite par l'action de l'ozone, qui détruit les germes morbides susceptibles d'être rencontrés dans le lait, sans annihiler les propriétés nutritives de ce liquide et sans le rendre indigeste.

L'avantage de la stérilisation sur la pasteurisation consiste en ce que l'élévation de température du lait soumis à la pasteurisation détruit certaines propriétés nutritives de la matière alimentaire et rend celle-ci quelque peu indigeste. La pasteurisation détruit en effet sans merci tous les ferments ; or, certains d'entre eux sont précisément des agents de digestibilité.

Certaines personnes peuvent croire que la stérilisation est inutile, si elles achètent leur lait chez des nourrisseurs dont la spécialité est d'en faire livraison en pots cachetés.

Elles sont gravement dans l'erreur. En effet, malgré la surveillance dont les étables de Paris et de la banlieue sont l'objet de la part du service sanitaire de la Préfecture de Police, il arrive que des vaches atteintes de tuberculose ou d'autres maladies sont employées à la production du lait jusqu'à ce qu'un arrêté oblige le nourrisseur à éloigner ou à abattre l'animal contaminé.

Les vaches seraient-elles saines que leur lait n'en serait pas moins malsain pour l'enfance, par la raison que leur alimentation les met dans des conditions hygiéniques déplorables.

Pour diminuer les frais généraux, la plupart des éleveurs ne donnent pas aux vaches une nourriture appropriée et ils s'attachent à leur faire produire la plus grande quantité de lait possible.

Pour cela, les résidus des sucreries et des brasseries, résidus ayant subi la fermentation alcoolique, sont donnés en nourriture aux vaches, et celles-ci produisent une quantité de lait double ou triple de ce qu'elles donneraient avec une alimentation rationnelle et appropriée à leur rôle bienfaisant.

Ces résidus, communément appelés drèches, renferment de l'acide acétique, et le résultat se trouve dans l'acidité du lait, qui détermine chez les enfants des maladies de l'intestin.

On a remarqué que dans les pays grands producteurs de bière, où les drèches sont données aux vaches, la mortalité enfantine s'est élevée jusqu'à 54 pour 100.

Puisqu'il est impossible d'empêcher les nourrisseurs de faire passer leur intérêt pécuniaire avant celui de la santé publique, ne pourrait-on pas venir efficacement en aide aux mères qui se recommandent à tous les échos pour avoir un lait sain, propre à l'alimentation des poupons ?

Ne pourrait-on pas créer des vacheries municipales où des bêtes de choix, installées dans les meilleures conditions d'hygiène intérieure et extérieure, auraient une nourriture appropriée à leur noble mission ?

Si l'on ne voulait voir que l'intérêt exclusif de l'enfance, ne pourrait-on pas réserver le lait, dans une proportion déterminée, aux seules mères de famille et nourrices, justifiant qu'elles élèvent leurs chers petits ?

Par une sage administration, ne pourrait-on enfin faire payer le lait dans des conditions telles que ces vacheries ne deviennent pas une charge trop considérable pour la Commune qui aurait naturellement à faire des fournitures gratuites aux indigents ?

Des établissements ainsi compris ne rendraient-ils pas de grands services à la cause de la protection de l'enfance ?

CHAPITRE IV

LES PREMIERS JOURS — LA MÈRE
PREMIERS PROTECTEURS

Nous avons vu tout à l'heure la mère entrant à l'hôpital ou faisant ses couches à domicile. Il nous faut aussi la suivre chez la sage-femme. Si elle peut s'y rendre à ses frais, elle peut aussi y être envoyée par l'Assistance publique.

La Préfecture de Police oblige les sages-femmes à lui demander une autorisation lorsqu'elles veulent recevoir à domicile des pensionnaires. Une enquête est faite sur la moralité de la sage-femme et le logement de celle-ci est visité par le Commissaire de

Police et par l'Inspecteur des maisons de santé qui recherchent si toutes les conditions hygiéniques requises se trouvent dans le logement destiné à recevoir les femmes en couches.

On le voit, rien n'est négligé pour permettre aux jeunes mères de donner le jour à leur enfant dans les meilleures conditions possibles et de recevoir, après l'accouchement, les soins que réclame leur santé.

Sortent-elles des hôpitaux ou de chez les sages-femmes sans aucunes ressources? elles peuvent se rendre dans des ouvroirs où elles seront gardées pendant un temps plus ou moins long; elles y recevront les soins indispensables au rétablissement de leur santé.

L'asile du Vésinet, créé par le Conseil municipal de Paris, reçoit aussi beaucoup de jeunes mères. On a observé que les nouvelles accouchées ont une tendance trop marquée à reprendre leurs travaux, sans profiter du séjour qui leur est offert dans les asiles maternels. Il en résulte qu'étant encore faibles, elles tombent malades et doivent entrer à l'hôpital. Pendant ce temps, les mois de nourrice suivent leur cours sans que la mère les puisse payer, et c'est alors la détresse, quand il s'agit d'acquitter l'arriéré. Quelques sociétés se sont fondées dans le but de donner des secours en argent ou en nature aux femmes relevant de couches, et de leur permettre de se reposer pendant tout le premier mois. Il serait à souhaiter que ces œuvres de bienfaisance trouvent de nombreux imitateurs.

En dehors des asiles et ouvroirs dont nous venons de parler, des secours dits « préventifs d'abandon » sont distribués par l'Assistance publique, au bureau central de l'avenue Victoria, n° 3.

On comprend aisément le double but que poursuit l'Assistance publique en distribuant ces secours, fort bien dénommés.

Comme la jeune mère aime son enfant, elle s'imposera la plupart du temps les plus lourds sacrifices pour le garder avec elle et pour assurer sa subsistance. Mais, justement parce qu'elle aime l'enfant, elle craint pour lui la misère complète, le dénûment absolu, qui entraînerait la maladie, la mort pour le cher petit ; elle redoute pour lui la moindre souffrance, et si elle se voit sans ressources aucunes, sans vivres, sans feu, son lait tari, elle l'abandonne, persuadée qu'il souffrira moins ailleurs qu'auprès d'elle.

Le moindre secours d'argent arrivant à propos donne à la mère le loisir de garder son enfant et lui permet d'attendre le moment où, revenue à la santé, elle pourra demander au travail les ressources qui lui manquent.

D'autre part, l'Assistance publique réalise une véritable économie, car elle diminue le nombre des enfants abandonnés qui seraient restés à sa charge jusqu'à l'âge de se suffire à eux-mêmes.

Les économies réalisées de ce chef trouvent naturellement à être employées en nouveaux secours distribués aux jeunes mères.

Les demandes de secours adressées à l'administration de l'Assistance publique sont instruites immédiatement, et la réponse est donnée aux intéressées dans un délai maximun de quarante-huit heures.

Quelquefois même l'intéressée est secourue le lendemain ou sur-le-champ, selon les circonstances.

Ces allocations ne sont faites qu'aux filles-mères ne vivant pas maritalement soit avec le père de leur enfant, soit avec un autre homme. Les mères de famille dont le mari est absent, soit qu'il ait disparu, soit qu'il accomplisse son temps de service militaire, peuvent aussi obtenir ces secours. Il en est de même si le mari est interné comme aliéné, ou bien en prison.

Les mères légitimes doivent se pourvoir devant le bureau de bienfaisance dont ressort leur domicile quand le mari est avec elles.

Les secours délivrés s'élèvent à une moyenne de vingt-cinq francs par mois et par personne ; l'administration peut se mouvoir entre les chiffres de 15 et de 50 francs pour les allocations, mais il est bien entendu que ce dernier chiffre ne s'applique qu'aux femmes chargées de famille.

Il résulte du remarquable rapport fait au Conseil général par M. Paul Strauss qu'une somme de 766,551 fr. 39 c. a été répartie l'an dernier sous forme de secours périodiques ou de secours pour enfants mis en nourrice.

En 1895, deux mille deux cent cinquante-neuf enfants ont été admis à profiter des secours périodiques. L'inscription a porté sur des enfants âgés de un jour à dix-neuf mois; mais, il y a lieu de le remarquer, les secours sont le plus communément sollicités dans les deux premiers mois de la naissance. On s'en explique facilement la raison, en observant, comme nous le disions d'ailleurs plus haut, qu'immédiatement après l'accouchement la misère est forcément plus grande chez la jeune mère, car le plus souvent elle est privée de travail.

Les enfants âgés de plus de deux ans ne

sont pas admis à bénéficier de ces secours périodiques.

Par exception à la règle qui refuse ces secours à la mère légitime ou illégitime, lorsqu'elle vit, soit avec le père de son enfant, soit avec un autre homme, le Conseil général de la Seine a décidé que les ménages de la banlieue de Paris seraient admis à solliciter leur inscription pour l'allocation des secours préventifs d'abandon.

Des secours non périodiques dits « de mise en nourrice » sont aussi alloués aux filles-mères ou aux femmes légitimes vivant seules.

Ces secours varient de 35 à 50 francs et représentent le prix du premier mois de pension et du voyage de la nourrice.

L'administration de l'Assistance publique voit chaque jour augmenter le nombre des solliciteurs et elle a à se mettre en garde contre une sorte de spéculation de la part des ménages réguliers ou irréguliers.

Les Bureaux de bienfaisance des arrondissements n'allouent pas toujours avec rapidité les secours demandés, puisqu'il faut obtenir une inscription au Bureau ; il n'est pas rare que, par suite d'une entente coupable, le mari ou l'amant ne disparaisse momentanément pour faire croire de sa part à un abandon du foyer et permettre ainsi à la jeune mère de toucher les secours dont nous venons de parler.

C'est là une supercherie que l'Assistance publique connaît bien et qu'elle s'efforce de déjouer.

Après la mise en nourrice, l'Assistance publique accorde volontiers des secours, pour permettre le paiement des mois de pension. Elle est toujours dans son rôle préventif d'abandon, puisqu'en agissant ainsi elle s'efforce de diminuer le nombre élevé des enfants que les nourrices se voient dans l'obligation de déposer à l'hospice par suite du non paiement des mois de pension.

Pendant l'année 1895, 1,136 secours, portant sur 644 enfants, ont été ainsi répartis.

Lorsque nous traiterons de l'abandon de l'enfant, nous verrons que si, par un scrupule bien explicable, les mères hésitent à remettre leurs enfants à l'hospice des Enfants-Assistés, elle ne craignent pas de les placer en nourrice, quitte ensuite à s'en désintéresser complètement.

On peut trouver l'explication de cette conduite dans ce fait qu'au moment de la naissance, le sentiment maternel, très développé, s'oppose à l'abandon d'un enfant qu'on ne doit plus revoir, en raison de la rigueur des réglements; en le plaçant en nourrice, on sait où il est; on a sur lui des nouvelles fréquentes, et à l'occasion l'on peut aller le voir. Mais si la misère augmente, ces visites s'espacent, tout s'efface, même le sentiment maternel dont nous parlions, et l'enfant, placé souvent au loin, reste à la charge de la nourrice qui se voit dans l'obligation de l'abandonner.

Ce qui précède pourrait paraître, à première vue, ne pas concorder avec ce que nous disions plus haut, à propos des secours préventifs d'abandon. — Il n'en est rien.

Le sentiment maternel, qui prend naissance pendant les terribles douleurs de l'enfantement, est entretenu par la présence de l'enfant; la mère s'attache à celui-ci de plus en plus, et au bout de quelques mois elle se refusera formellement à s'en séparer.

La mise en nourrice cause d'abord un déchirement, une sorte de désespoir, bientôt calmé comme toutes les douleurs aiguës.

La mère est tôt habituée à l'absence de l'enfant, elle s'accoutume à le savoir loin d'elle et arrive peu à peu à ne plus éprouver le besoin de le voir. — Qu'un moment de gêne survienne alors, et l'enfant est « oublié » chez la nourrice. Nous ne jugeons même pas utile de parler du père qui trop souvent aime beaucoup son enfant, à condition expresse de n'avoir pas à s'en occuper; cela aigrit le caractère de la mère et l'incite presque forcément à se désintéresser à son tour.

L'Assistance publique le sait bien; aussi

distribue-t-elle volontiers les secours dont nous venons de parler.

En dehors des secours périodiques et de mise en nourrice, cette administration donne des secours divers qui varient tant par leur nature que par leur importance; pendant l'année 1895, 3,997 secours ont été répartis sur 2,201 enfants.

Ils consistaient en argent. Mais, en outre, des secours en nature, comportant la layette, ont également été distribués.

La qualité de mère n'est pas absolument indispensable pour l'obtention des secours, car, en l'absence de la femme, ils sont aussi distribués aux veufs, hommes mariés abandonnés de leurs femmes, et pères d'enfants naturels reconnus.

Les hôpitaux d'accouchement distribuent aussi ces secours, tout comme l'hospice des Enfants-Assistés.

Dix mois de séjour dans le département de la Seine sont nécessaires pour l'obtention des secours.

Aux intéressés ne remplissant pas ces conditions est offert le rapatriement sur le département d'origine.

Enfin les orphelins de père et de mère, jusqu'à l'âge de treize ans, sont secourus aussi.

Au sujet des dons en nature signalés plus haut, il n'est pas sans intérêt de citer l'organisation d'un nouveau service qui fonctionne depuis dix-huit mois seulement au numéro 70 de la rue du Chemin-Vert; il consiste en une distribution de lait stérilisé aux jeunes mères indigentes.

Nous l'avons dit déjà, mais nous tenons à insister sur ce point : les observations faites ont établi que les secours préventifs d'abandon avaient un caractère d'efficacité presque absolu et que, dans la grande majorité des cas, les enfants secourus ne retombaient pas à la charge de l'Assistance publique comme abandonnés. Cela tend à prouver qu'après être sorties d'une période difficile portant sur les premiers mois de l'accouchement, les mères gardent et élèvent le plus souvent avec elles leurs enfants. En dehors de toute considération matérielle et au point de vue purement moral, il y a lieu de s'en féliciter, puisque les enfants, en restant dans leur famille, grandissent entourés des soins maternels et sont, par là, mieux disposés pour l'apprentissage de la vie.

Cet apprentissage, quelquefois pénible, sert à développer chez l'enfant le respect de la famille, sauf cependant pour ceux qui ont eu le malheur de naître de parents négligents, ne veillant pas sur eux ou ne les soignant pas physiquement et moralement d'une manière suffisante.

Mais c'est là une catégorie que nous examinerons au cours de cet ouvrage.

***

Nous avons vu l'enfant entrant dans la vie. Qui veillera sur lui? S'il est enfant légitime, ce sera son père ou sa mère, sous l'autorité

4

desquels il devra rester jusqu'à la majorité ou l'émancipation; il ne pourra quitter la maison paternelle sans la permission de son père avant l'âge de dix-huit ans, et encore faudra-t-il que ce soit pour un engagement volontaire dans l'armée nationale. S'il est placé dans des maisons d'éducation ou d'apprentissage, il est toujours censé être sous le toit paternel.

L'enfant doit être nourri, entretenu et élevé par ses parents, lesquels en contractent l'obligation ensemble par le seul fait de leur mariage. Il ne peut être adopté avant sa majorité, et il doit encore demander l'autorisation de ses père et mère. S'il a des biens, ils seront administrés par son père; à défaut du père, par la mère, jusqu'à sa majorité; et ceux-ci auront la jouissance légale de ses biens, jusqu'à ce que l'enfant ait atteint l'âge de dix-huit ans, ou qu'il soit émancipé, à la charge par eux, toutefois, de le nourrir, entretenir et éduquer selon sa fortune.

Il ne faut pas perdre de vue, en effet,

qu'une succession peut échoir à des enfants, même très jeunes, sans que les parents se trouvent co-héritiers.

L'enfant est absolument incapable juridiquement, avant l'âge de la majorité, d'accomplir un acte quelconque de la vie civile; tout ce qu'il pourrait faire serait entaché de nullité. Si une donation lui est faite, elle doit être acceptée par ses père et mère, et s'il cause par son propre fait un dommage à autrui, le père, et après la mort de celui-ci la mère, en est responsable.

Quand le père a disparu pour une cause quelconque, la mère a la surveillance des mineurs, et elle exerce tous les droits de son mari, quant à l'éducation et à l'administration des biens de ses enfants.

Si la mère était décédée au moment de la disparition de son mari, la surveillance de ses enfants pourrait être déférée, par le conseil de famille, aux ascendants les plus proches ou à un tuteur provisoire.

En cas d'absence du père, la femme ne peut

engager les biens de la communauté, pour l'établissement de ses enfants, sans l'autorisation de la justice.

C'est le survivant des époux qui a la tutelle légale de ses enfants ; mais, par dispositions testamentaires, le mari peut donner à sa femme un conseil de tutelle.

L'enfant est donc l'objet d'une double protection, puisque, si la mère est inexpérimentée, elle a près d'elle un homme sans le conseil duquel elle ne peut faire aucun acte relatif à la tutelle.

Le dernier mourant peut désigner un tuteur à ses enfants. La mère est déchue de la tutelle si, en se remariant, elle ne se fait confirmer ses droits par le conseil de famille. Dans ce cas, le second mari se trouve donc responsable avec sa femme de la gestion postérieure au mariage. C'est fort juste, puisqu'il est incontestable que ce second mari exerce une influence plus ou moins considérable sur son épouse.

Si l'enfant mineur possédait des biens aux

colonies, l'administration en serait dévolue à un pro-tuteur.

Au cas où le dernier mourant des père et mère n'a pas choisi de tuteur à ses enfants, ceux-ci sont, de droit, sous la tutelle de l'aïeul paternel ou de l'aïeul maternel; si ces conditions ne peuvent être remplies, c'est un tuteur nommé par le conseil de famille qui a la surveillance des enfants.

L'enfant naturel est sous la surveillance de son père, s'il a été reconnu, ou, à défaut du père, sous celle de la mère, en cas de reconnaissance de la part de celle-ci.

En l'état actuel de nos mœurs et des lois, la condition de l'enfant naturel reconnu est à peu de chose près la même que celle de l'enfant légitime. Les droits de puissance paternelle, qui appartiennent au père légitime, appartiennent également au père naturel.

Enfin, l'enfant peut être placé sous la tutelle officieuse d'un tiers âgé de plus de cinquante ans, sans enfants ni descendants légitimes; et cela quand bien même le père et la mère seraient encore existants. Dans ce cas, le consentement de ces derniers est indispensable et il doit être donné devant le juge de paix qui a reçu la demande du tuteur officieux. Les enfants âgés de moins de quinze ans peuvent seuls bénéficier de cette tutelle. Elle assure leur existence, ou plutôt oblige leur tuteur à les nourrir et élever pendant leur minorité, et à les mettre en état de gagner leur vie.

La tutelle officieuse est malheureusement rare. Si nous pouvons nous exprimer ainsi, elle est l'antichambre de l'adoption, laquelle ne peut être conférée qu'aux personnes âgées de plus de vingt et un ans.

CHAPITRE V

EN NOURRICE — A LA CRÈCHE — A L'ÉCOLE

Quiconque, père, mère, ou toute autre personne, place en nourrice un enfant âgé de moins de deux ans, est tenu d'en faire la déclaration à la mairie.

Le nourrisson devient, par le fait de son placement, l'objet d'une surveillance spéciale de la part de l'autorité publique; surveillance qui a pour but de protéger sa vie et sa santé.

En faisant abstraction des poursuites correctionnelles dont ils pourraient être l'objet, les parents seraient grandement coupables de ne pas remplir les formalités prescrites qui permettent d'exercer un contrôle sur les nourrices; celles-ci doivent être munies d'une autorisation de l'autorité compétente.

Au-dessus de l'âge de deux ans, les enfants sont aussi protégés par la loi; lorsqu'ils sont placés, moyennant salaire, en sevrage ou en garde, même déclaration doit être faite.

Dans le département de la Seine, c'est M. le Préfet de Police qui dirige la protection de l'enfance, et rien n'est négligé pour rendre efficace cette protection.

Les femmes qui veulent exercer la profession de nourrice sur lieu ou à emporter sont tenues de se munir d'une autorisation spéciale, laquelle ne leur est délivrée qu'après enquête sur leur moralité; les nourrices au sein ou au biberon doivent se soumettre à la visite des médecins inspecteurs qui peuvent, selon les circonstances, les ajourner ou les refuser définitivement.

Le service de protection des enfants du premier âge est puissamment organisé et les frais sont couverts par des contributions de l'État, des départements et des communes.

Il existe des médecins inspecteurs, des visiteuses, et des commissions locales, composées en majeure partie de dames honorables, choisies par les municipalités, qui concourent à la protection des enfants placés en nourrice ou en garde.

M. Lépine, préfet de police, qui s'intéresse particulièrement à la protection de l'enfance, encourage de grand cœur les initiatives privées se manifestant intelligemment dans cet ordre d'idées.

Un Comité départemental composé de conseillers généraux, de membres de l'Académie de médecine et des hauts fonctionnaires de la Préfecture de Police, parmi lesquels on remarque M. Laurent, secrétaire général, recherche et étudie les mesures propres à augmenter chaque jour le rôle protecteur de cette administration.

Chaque année, le mouvement général des

nourrissons soumis à la protection va en s'augmentant.

Pendant l'année 1895, cette protection a été exercée à l'égard de 4,230 nourrissons, soit 234 de plus qu'en 1894. La majeure partie, 3,068, a été placée en banlieue ; le surplus, soit 1,162, a été réparti chez des nourrices de Paris.

Par rapport au mode d'élevage, les 4,230 nourrissons protégés en 1895 comprenaient :

1,762 enfants élevés au sein ;

1,981 enfants élevés au biberon ;

487 enfants élevés par des sevreuses ou gardeuses.

Des visites nombreuses ont été faites chez les nourrices et les résultats de cette surveillance ne se sont pas fait attendre : la mortalité des nourrissons protégés dans le département de la Seine, qui était en 1886 de 7,95 pour 100, est tombée en 1894 à 6,18 pour 100 seulement.

L'éloquence des chiffres est grande et témoigne en faveur du service qui a su donner à l'application de la loi une impulsion éclairée.

Rien n'est d'ailleurs négligé pour diminuer la mortalité dans la plus large mesure.

D'abord, on impose aux nourrices l'obligation de faire vacciner dans le délai de trois mois les enfants qui leur sont confiés; c'est une mesure d'autant plus nécessaire que, la statistique l'a prouvé, sur les enfants décédés en 1885, les non vaccinés se trouvaient dans la proportion considérable de 42 pour 100.

Il leur est interdit de coucher les nourrissons dans leur propre lit; d'avoir dans la pièce où est le berceau des animaux domestiques, chiens, chats, porcs, etc.; de tenir la lumière trop près du berceau, etc.

Les nourrices qui occasionneraient, par leur imprudence, la mort du nourrisson, pourraient être poursuivies et condamnées à un emprisonnement de trois mois à deux ans.

Ensuite, les médecins inspecteurs provoquent le retrait des enfants qui ne trouvent pas chez la nourrice des soins ou un allaitement suffisants, par suite de la maladie de celle-ci ou pour autres causes.

C'est ainsi que pendant l'année 1895 la Préfecture de Police a provoqué le retrait, par leurs parents, de 133 nourrissons.

Sur 1,000 enfants élevés au sein, 62 seulement ont succombé, alors que, sur 1,000 nourrissons élevés au biberon, 105 sont décédés. Ces chiffres prouvent que l'élevage au sein est préférable quand la nourrice fait l'objet d'un examen attentif et continuel.

Malgré l'obligation imposée aux parents et aux nourrices de déclarer à la mairie le placement d'un nourrisson, on a pensé qu'il serait bon de rappeler aux mères les prescriptions de la loi.

En conséquence, au cours d'une des dernières séances du Comité départemental, M. Laurent demandait la création *d'un service de constatation à domicile* du sort des enfants nouveau-nés.

Le fonctionnement en serait assuré par des visiteuses suppléantes. Ce service permettrait de vérifier si le nouveau-né est resté dans sa famille ou s'il a été placé en nourrice, et, dans ce dernier cas, si les parents ont fait la déclaration prescrite.

Le Comité s'est montré favorable en principe à la création de ce service ; aussi est-il permis de croire que bientôt aucun enfant placé en nourrice ne pourra rester sans la protection administrative, que ce soit dans le département de la Seine ou dans tout autre.

Il y a lieu d'observer qu'il existe, surtout dans le département de la Seine, des crèches qui ne peuvent s'ouvrir et fonctionner qu'avec l'autorisation du Préfet.

Le local est visité par le Conseil d'hygiène et les médecins inspecteurs qui recherchent si toutes les conditions requises se trouvent réunies au point de vue de l'hygiène et de la sécurité des enfants placés en garde.

Plus tard, les médecins inspecteurs font des visites fréquentes dans les crèches, et surveillent l'exécution des prescriptions administratives et médicales ; au besoin, ils ordonnent de nouveaux aménagements.

Tous les jours s'ouvrent de nouvelles crèches recevant les enfants en bas âge que les mères ne peuvent surveiller, à cause de leur travail.

C'est une institution éminemment utile, encouragée d'ailleurs par les autorités des différents ordres administratifs.

Tout récemment encore, M. Lépine, Préfet de Police, présidait en banlieue à l'inauguration de crèches appelées à rendre les plus grands services.

Précisons : Le Préfet de Police a inauguré dernièrement une crèche à Vincennes.

La municipalité avait tenu à faire de la cérémonie une véritable solennité, à laquelle prenaient part les notabilités de l'endroit.

M. Lépine, dans une allocution dictée par un enthousiasme communicatif, s'est appliqué à faire pénétrer dans l'esprit des auditeurs non encore convaincus l'idée que la protection de l'enfance est la plus méritoire des œuvres sociales ; et, a dit M. Lépine, une des formes les plus pratiques de cette protection est l'aide apportée à la mère pour la surveillance de l'enfant en bas âge.

« La mère, certaine que l'enfant ne court aucun risque, qu'il est l'objet de soins maternels, vaque en paix à ses travaux domestiques, ou se livre sans arrière-pensée, sans contre-cœur à une occupation rémunératrice. La crèche donne à la mère cette faculté. »

C'est en 1844 que la première crèche a été fondée en France par Marbeau.

Depuis cette époque, de nombreux établissements semblables ont été créés, mais ils n'ont pas toutefois pris l'essor qu'on était en droit d'attendre. Malgré l'utilité des crèches, les mères hésitent à y conduire leurs enfants. Ces garderies prennent les bambins depuis l'âge de quinze jours jusqu'à celui de trois ans : elles sont en quelque sorte l'antichambre de l'école maternelle. Les parents peuvent y amener leurs bébés à partir de sept heures du matin, et le soir ils peuvent venir les reprendre à la sortie de leur travail.

Etant donnée l'étendue des services que les crèches peuvent rendre à la cause de la protection de l'enfance, il serait à souhaiter que cette institution allât chaque jour en se développant sur des bases de mieux en mieux perfectionnées.

Les crèches sont généralement créées par l'initiative privée et, malgré tout le bon vouloir de leurs fondateurs, leur organisation laisse quelquefois à désirer, au point de vue hygiénique.

Les ressources plutôt modestes dont disposaient les fondateurs ne permettaient pas au début la construction d'immeubles spéciaux où les enfants pouvaient être reçus et allaités de façon que leur santé n'eût pas à souffrir de l'agglomération dans un espace restreint. Aussi existe-t-il encore des crèches installées au deuxième ou troisième étage de maisons ne se prêtant en aucune manière à l'appropriation des garderies d'enfants.

Le personnel, tout dévoué qu'il est aux enfants, n'a pas toujours les notions suffisantes d'hygiène, et il arrive que les médecins visiteurs font à ce sujet des remarques défavorables à certaines crèches anciennes. Quoi qu'il en soit, les petits enfants sont encore mieux là que seuls au logis maternel, sous la garde d'une sœur jeune et inexpérimentée. Grâce à la crèche, la fillette peut fréquenter assidument l'école et la mère peut travailler tranquille, puisqu'elle sait que l'enfant sera bien gardé à la crèche la plus voisine de son atelier, où elle viendra l'allaiter pendant les heures de repos.

C'est ce qu'ont bien compris les autorités, qui font leur possible pour exciter l'émulation des personnes généreuses et favoriser sous des formes diverses la création et le développement des crèches, dont le nombre s'accroît de jour en jour.

On compte actuellement à Paris 59 crèches

qui ont ensemble 2,183 places, et en banlieue 29 crèches qui ont 983 places.

Par suite des subventions accordées par le Ministère de l'Intérieur, sur les fonds du pari mutuel, par le département, par les communes et par la Société des Crèches, on arrive maintenant à créer des établissements qui sont de véritables merveilles, au point de vue de l'hygiène et du confort.

La crèche Furtado-Heine, récemment ouverte rue Jacquier, est un modèle du genre. Elle peut recevoir 100 enfants qui ont à leur disposition une pouponnière, cinq salles de berceaux et une galerie de jeux, le tout comportant un cube d'air de 2,226 mètres.

A côté de la Société des Crèches s'est organisée une œuvre de bienfaisance sous le nom de Société de Charité maternelle. Ces sociétés sont nombreuses en France.

Paris en possède sept, Charenton une, etc. Elles distribuent des secours en nature et en espèces aux mères qui élèvent leurs enfants près d'elles. C'est une aide apportée à l'Assistance publique, dans la distribution des secours préventifs d'abandon.

Revenons aux crèches. Il est fâcheux que le personnel des berceuses, nourrices sèches, etc., employé dans ces établissements, ne reçoive pas tout d'abord une instruction professionnelle.

Pourquoi n'imiterions-nous pas en France, à Paris, par exemple, où rien n'est impossible, l'exemple donné par plusieurs pays étrangers, dans lesquels existent et fonctionnent des écoles de bonnes d'enfants, notamment à Stockholm, à Nuremberg, etc. ?

Ce souhait fut déjà exprimé, il y a près de quatorze ans, par la Société des Crèches, et renouvelé par elle à maintes reprises dans son *Bulletin des Crèches*.

Cette société exprime également le vœu que, dans les crèches voisines des écoles, les jeunes filles des premières classes soient à tour de rôle appelées à aider les berceuses et à faire ainsi leur apprentissage de mères de famille.

Nous parlions tout à l'heure de l'hygiène dans les crèches.

L'hygiène joue un grand rôle dans l'élevage ; il est désirable que l'on s'engage plus résolument dans la voie du progrès, en profitant des enseignements que la science s'efforce de vulgariser.

Les établissements nourriciers encore à créer, crèches, écoles maternelles, etc., où se forment des agglomérations enfantines, devraient tous être désinfectés. Le lait et l'eau qui y sont consommés d'une façon quelconque ne devraient être employés qu'après complète stérilisation. Il est juste de reconnaître toutefois que la Ville de Paris s'est engagée déjà dans cette voie et, qu'après avoir institué des concours pour la désinfection des écoles, le Conseil municipal vient d'autoriser l'établissement d'une usine pour la stérilisation des eaux par l'ozone.

On sait que l'ozone est de l'oxygène électrisé, mais on ignore assez généralement que les propriétés oxydantes de l'ozone ont pour effet de détruire les matières organiques et de purger l'atmosphère des miasmes produits par le fonctionnement de l'organisme humain.

Les services que l'ozone peut rendre sont inappréciables, et la Société d'Encouragement, composée en majeure partie de membres des Académies des sciences et de médecine, l'a si bien compris que, pour en généraliser l'usage, elle a créé des prix en faveur des personnes ayant produit les meilleurs générateurs de l'ozone.

Un jeune et modeste savant, Gaston Seguy, préparateur de physique à l'École supérieure de pharmacie, a fait une étude particulière de l'ozone; ses expériences l'ont conduit à devenir un admirateur et un fervent protagoniste de cet agent merveilleux. Il fait actuellement en faveur de l'ozone une propagande sincère et énergique. M. Gaston Seguy estime qu'un générateur fonctionnant un quart d'heure par jour suffirait à purifier cent mètres cubes d'air, dans les milieux les plus infectés.

Le prix de revient de la production de l'ozone est des plus minimes ; il est donc aisé d'améliorer une hygiène défectueuse, facile de parfaire les qualités d'une hygiène déjà bonne.

Sorti de la crèche, le jeune enfant a une place tout assignée à l'école maternelle dirigée, comme son nom l'indique, par des femmes.

En outre des soins dévoués dont il est entouré, le charmant bambin reçoit les premières notions de l'instruction primaire ; on lui enseigne même quelque peu la gymnastique, ce qui, tout en l'amusant, le fortifie.

A l'âge de sept ans il doit entrer à l'école primaire, à moins que la famille, en raison de son aisance, ne préfère lui faire dispenser l'instruction dans des établissements libres ou privés, voire même chez elle, ou dans les établissements d'instruction secondaire.

En empruntant quelques renseignements à l'intéressant ouvrage de M. Max Boucard, *la*

Vie de Paris (1), nous trouvons qu'en 1892 il existait 191 écoles primaires de garçons et 175 écoles primaires de jeunes filles, comprenant un total de 131,300 élèves.

Ce nombre d'écoles et d'élèves ne fait qu'augmenter en raison des efforts faits constamment par le Conseil municipal de la ville de Paris, qui dépense chaque année des sommes de plus en plus importantes pour l'instruction primaire, et qui s'attache à la répandre le plus possible, persuadé que plus l'homme est instruit plus il est à même de se rendre utile à la nation.

Nous ne parlerons pas des écoles privées, libres et religieuses, dans lesquelles l'instruction donnée n'est pas moins bonne; mais leur statistique serait assez difficile à établir.

L'instruction donnée dans les écoles publiques est absolument gratuite.

Après l'instruction primaire, l'enfant peut

(1) Paul Ollendorff, éditeur.

entrer dans les écoles primaires supérieures.

Si les parents choisissent les établissements publics de la Ville de Paris, ils ont à leur disposition, selon qu'il s'agit d'un garçon ou d'une fille, les écoles Turgot, Colbert, Lavoisier, J.-B.-Say et Arago ; il faut aussi compter le collège Chaptal, pour les jeunes gens se destinant aux carrières commerciales et industrielles. D'autres établissements, tels que l'école Sophie-Germain pour les jeunes filles, le collège Rollin pour les garçons, rendent aussi de grands services.

Les parents et particulièrement les anciens fonctionnaires, ou les familles chargées d'enfants, peuvent obtenir du Conseil municipal des bourses, des demi-bourses d'internat primaire.

Beaucoup de jeunes garçons ou de jeunes filles sont répartis dans des établissements d'instruction libres, et leur pension ou une partie tout au moins est payée par la Ville de Paris.

Là ne s'arrête pas la sollicitude des autorités ; des écoles d'apprentissage ont également été créées.

Il en existe quelques-unes en province ; mais c'est surtout dans le département de la Seine qu'on les rencontre.

L'Ecole Diderot, la plus ancienne d'entre ces écoles, sert à former des ouvriers pour les industries du fer et du bois.

L'Ecole Boule, comme son nom l'indique, forme des ouvriers pour l'ameublement. Chacun sait que Boule était un ébéniste remarquable, un artiste dont le nom est demeuré attaché à une certaine catégorie de meubles.

On trouve aussi, et il faut nous résumer sur ce point, l'École municipale de chimie et de physique industrielles ; les Écoles Germain-Pilon, Bernard-Palissy, et plusieurs écoles professionnelles et ménagères spécialement destinées aux jeunes filles.

Les ouvriers sortant de ces écoles professionnelles ne sont peut-être pas habitués, dès leur entrée chez un patron, aux travaux multiples qui s'effectuent ordinairement dans les ateliers ; mais ils s'y font vite, et l'on peut espérer que le niveau élevé de leur instruction et de leur éducation professionnelle les mettra à même de devenir des ouvriers habiles.

Cet enseignement commercial et professionnel prend, de jour en jour, une plus grande extension et nous permettra de lutter avantageusement contre certains pays étrangers, où des écoles semblables existent en grand nombre depuis longtemps (1).

La majeure partie des enfants destinés à un état manuel n'entrent pas dans les écoles professionnelles dont nous venons de parler, mais bien directement chez un patron, qui, par le fait du contrat verbal ou écrit passé avec le père ou la mère, se soumet à l'obligation de veiller sur l'apprenti au point de vue de la conduite de celui-ci et de ses mœurs, et s'engage à lui enseigner la pra-

(1) Nous recommandons sur ce sujet la lecture d'un intéressant ouvrage : *Les Attachés commerciaux*, par M. G. Cadoux (Quantin, éditeur).

tique de sa profession; en retour, l'apprenti est obligé de travailler pour son patron, pendant un temps et à des conditions convenus.

Autrefois, les contrats d'apprentissage s'établissaient régulièrement; mais la loi est sur ce point tombée un peu en désuétude.

CHAPITRE VI

ABANDONNÉS — MORALEMENT ABANDONNÉS

Nous venons de voir quelle est la condition régulière de l'enfant et de l'adolescent ; il faut maintenant examiner celle qui lui est faite en cas d'abandon.

Nous trouvons deux sortes d'abandon : l'un peut être qualifié de régulier ; il a pour forme la remise de l'enfant dans un hospice ; l'autre, l'abandon criminel, consiste dans le dépôt, dans le délaissement ou dans l'exposition de l'enfant en un lieu solitaire ou non. L'abandon d'un enfant dans un lieu non solitaire, c'est-à-dire dans un endroit où se trouvent constamment du monde, des personnes de passage, est punissable d'un emprisonnement de trois mois à un an ; cette peine peut s'élever jusqu'à deux ans d'emprisonnement si l'abandon a été commis par le tuteur, l'instituteur ou l'institutrice de l'enfant.

Pour qu'il y ait abandon, il faut que l'enfant ait moins de sept ans, car on suppose qu'après cet âge sa vie et son état civil ne sont plus compromis.

Si, au contraire, l'enfant a été délaissé dans un lieu solitaire, c'est-à-dire dans un endroit où personne ne se trouvait ou n'était susceptible de venir pendant l'abandon, par exemple dans un terrain vague ou dans une carrière abandonnée, la peine est de six mois à deux ans d'emprisonnement contre les auteurs ou les complices, et peut s'élever jusqu'à cinq ans de prison, si le crime a été commis par le tuteur, l'instituteur ou l'institutrice de l'enfant.

Il arrive que, par suite de ce délaissement,

l'enfant privé de soins et de nourriture, exposé au froid, à d'autres accidents, demeure mutilé ou estropié ; parfois la mort peut s'en suivre.

Dans le premier cas, la peine n'est pas supérieure à la réclusion, et dans le second cas à celle des travaux forcés à perpétuité.

On peut estimer que l'abandon, dans certaines conditions particulièrement pénibles pour l'enfant, est un véritable assassinat qui doit être puni de mort; mais c'est là un point bien délicat. En effet, il ne suffirait pas d'établir l'intention préméditée de donner la mort; il faudrait que l'autopsie démontrât que le décès de l'enfant est réellement la conséquence du délaissement, et n'est pas dû à des causes ayant pris naissance avant cet abandon. Il faudrait, en un mot, prouver que l'abandon a été directement la cause déterminante de la mort.

Il faut observer que la loi ne semble pas avoir prévu, de manière positive, une aggravation de peine contre les parents auteurs de ces crimes. Il était impossible de penser, en effet, qu'un acte aussi coupable que l'abandon pût être commis par les parents, quand les services publics offrent à ceux-ci des secours pour les aider à élever leurs enfants. L'Assistance publique ne se charge-t-elle pas complètement des bambins, lorsque l'abandon en est fait régulièrement ?

Nous reviendrons sur cette question dans un autre chapitre.

En remontant à des époques très éloignées, on trouve trace d'œuvres de bienfaisance, sanctionnées par l'autorité et créées spécialement dans le but de recueillir les enfants abandonnés.

En 1536, l'hôpital des Enfants-Rouges fut fondé, et les pensionnaires devinrent rapidement nombreux ; chaque jour amenait son contingent d'enfants trouvés, qui présentaient une particularité bizarre : chaque enfant était porteur d'un billet révélant son état civil.

Plus tard, on créa une maison de couches ;

enfin fut fondé, d'une façon définitive, l'hospice des Enfants-Assistés.

C'est au commencement de ce siècle, pendant les guerres du premier Empire, que le nombre des enfants assistés fut le plus considérable.

La mortalité parmi eux était grande; c'est facilement explicable si l'on pense aux privations que subissaient les parents, au manque de soins dont souffraient les nouveau-nés, aux mille maladies enfin qu'ils pouvaient contracter par suite de leur abandon sur la voie publique.

Quand fut créé le tour, le nombre des abandons coupables était aussi très grand, bien que l'on portât plus volontiers les enfants à l'Assistance publique. Le tour était situé sur l'emplacement occupé actuellement par l'hospice des Enfants-Assistés.

C'était une sorte d'armoire demi-cylindrique placée à l'entrée de l'hospice. La mère qui se résignait à abandonner son enfant entrait dans cette armoire, puis appuyait sur un bouton mettant un mécanisme en mouvement. L'armoire tournait sur elle-même et la mère se trouvait alors en face d'une boîte en forme de berceau, dans laquelle elle déposait son enfant. Une religieuse venait prendre le bébé dès qu'un appel placé tout près du berceau attirait son attention. Au moyen du même mécanisme, la mère repartait. Comme on le voit, les garanties de discrétion étaient grandes, mais elles n'étaient pas absolument nécessaires si l'on ne voulait voir que l'intérêt exclusif de l'enfant.

Depuis longtemps, le tour est supprimé, mais le nombre des abandons est toujours considérable. L'organisation actuelle offre les mêmes garanties de discrétion : l'Assistance publique veille scrupuleusement sur ce point.

Toutefois, l'enfant abandonné peut trouver un avantage dans le système actuel, en ce sens qu'il aura, tôt ou tard, l'espoir de retrouver sa famille si celle-ci le vient réclamer.

Les quelques renseignements fournis par la mère à l'Assistance publique permettront de lui dire plus tard facilement et sans hésitation : « Voici votre enfant ! » Au contraire, si aucun renseignement d'état civil n'a été donné, si aucun linge, aucun signe matériel ne permet de désigner un enfant parmi la quantité des admis, il y a beaucoup de chances pour que la mère, revenue à de meilleurs sentiments, ou sortie de la misère qui conseilla l'abandon, ne puisse retrouver son enfant commodément.

Mais, dira-t-on, un intérêt supérieur peut quelquefois obliger une femme à refuser tout renseignement d'état civil ; dans un cas semblable, toute question était évitée lorsque le tour existait.

La réponse est facile. Avec le système actuel, on a la faculté de fournir des renseignements, mais on n'est pas tenu de donner les indications demandées.

Des questions sont posées, mais il est loisible de n'y pas répondre.

Par conséquent, les garanties de discrétion sont complètes tout autant qu'avec le tour.

Une mère qui dépose son enfant à l'hospice des Enfants Assistés, ou l'abandonne entre les mains d'un commissaire de police, n'est pas obligée de fournir son nom, ni son état civil, ni son adresse; elle est libre de conserver un mutisme absolu, même de déclarer que son intention est de ne pas les révéler. Les règlements sont formels; on n'insiste pas; et l'enfant est immatriculé sur les contrôles de l'Assistance publique.

Il n'est pas rare cependant de voir des femmes changer d'idée en prenant connaissance des dures conditions de l'abandon ou s'empresser de fournir quelques renseignements afin de se réserver la faculté de retrouver et reprendre plus tard leur enfant.

Les conditions sont dures, en effet; elles sont même cruelles, mais par cela même bien faites pour agir sur le cœur de la mère.

Après l'abandon, la mère ne sait pas ce que devient son enfant; elle ignorera où il est placé ; jamais elle ne le reverra, et elle n'en aura de nouvelles que pour savoir s'il est vivant ou mort.

Combien de malheureuses ont ainsi souffert, toute la durée de leur vie, d'un abandon fait trop précipitamment à l'époque où existaient les tours !

Il est bon de revenir, à ce propos, sur ce que nous avons dit des déclarations à faire à la mairie au moment de la naissance et d'ajouter en insistant fortement sur ce détail : on *n'est pas obligé de déclarer son nom à la mairie* en faisant une déclaration de naissance.

Pendant l'année 1895, 4,516 enfants ont été immatriculés sur le contrôle des Enfants abandonnés pour le département de la Seine.

Ce chiffre porte sur les enfants abandonnés régulièrement (ils sont la presque totalité), sur les enfants trouvés ou nés de père et de mère non dénommés, enfin sur les orphelins. Les 4,516 enfants admis pendant cette année 1895 se répartissent, au

6

point de vue da la filiation, de la manière suivante :

Enfants naturels non reconnus. . . .		2,352
Enfants dont l'état civil n'a pas été constaté.		41
Enfants légitimes.		1,223
Enfants naturels reconnus :		
Par le père	82	
Par la mère.	776	900
Par le père et la mère	42	
		4,516

Comme on le voit, si le nombre des abandons d'enfants naturels est considérable, la quantité des enfants légitimes est aussi très élevée. Pendant la même année 1895, 367 enfants ont été abandonnés en nourrice et 289 rapatriés sur le département de la Seine où les parents avaient leur domicile de secours. Les chiffres que nous rapportons ici donnent raison à l'observation faite plus haut : un grand nombre de mères reculent devant l'abandon à l'Assistance publique, qu'elles trouvent trop brutal ; mais elles ne craignent pas de confier l'enfant à une nourrice et de l'oublier chez cette dernière. Peut-être le sentiment maternel leur fait-il espérer que la nourrice ne voudra pas se séparer d'un enfant élevé à son sein.

Si dans la majorité des cas les mères se trompent, il faut bien reconnaître que parfois de braves nourrices campagnardes gardent définitivement avec elles leur nourrisson ; l'enfant arrive ainsi moralement à faire partie de la famille. A côté de ces braves cœurs, il est des nourrices bien curieuses à observer. Pour un mois ou deux de retard dans le paiement de la pension, d'aucunes viennent du fond de leur province ramener l'enfant à Paris, sans seulement prendre la peine de solliciter l'intervention préfectorale, qui cependant ne leur fait pas défaut. Elles sautent dans le premier train en route sur Paris, et font un voyage de cent ou cent cinquante lieues beaucoup plus facilement qu'un Parisien ne ferait en omnibus le trajet Madeleine-Bastille. Tout extraordinaire que le fait puisse paraître, il est néanmoins strictement exact.

Ceux qui connaissent l'âme du paysan n'en seront nullement surpris.

Une autre remarque concerne les campagnardes, sur qui Paris produit, on le sait, l'effet d'un miroir sur les alouettes. La ville est grande, on s'y peut dissimuler et mainte jeune fille y vient volontiers cacher une faute au moment où les conséquences ne tarderont pas à se produire sous forme d'un poupon.

Pendant l'année 1895, qui sert de base à notre statistique, 306 femmes sont venues à Paris solliciter des secours d'allaitement.

Sans qu'on sache pourquoi, et à vrai dire nous n'avons pas voulu chercher à le savoir, bien que le travail fût facile, 49 filles-mères nous sont arrivées du département de Seine-et-Oise ; le Pas-de-Calais ne nous a fourni que 11 filles-mères ; le surplus se répartit sur presque tous les autres départements.

En dehors des abandons réguliers et coupables dont nous venons de parler, il nous faut signaler un genre d'abandon que l'on peut appeler mixte : c'est celui fait à un hospice d'un enfant au-dessous de l'âge de sept ans par une personne à laquelle cet enfant avait été confié pour qu'elle en prît soin, ou pour toute autre cause. Il est nécessaire, pour qu'une peine puisse être prononcée, que le déposant ait pris à une époque antérieure l'engagement de pourvoir gratuitement à la nourriture et à l'entretien de l'enfant.

Un service des plus importants pour la protection de l'enfance et de l'adolescence est celui qui s'occupe spécialement des enfants maltraités et des enfants moralement abandonnés.

Au 1er janvier 1895, la population enfantine ressortissant de ce service comptait, pour le département de la Seine seulement, un effectif de 3,498 pupilles, qui s'est accru pendant le cours de l'année de 376 unités, dont 319 enfants légitimes.

Dans ce nombre ne sont pas compris les petits malheureux maltraités ou moralement abandonnés, dont les tristes conditions d'existence ne sont pas connues de l'administration.

Combien sont-ils?

La majorité des enfants confiés à l'administration sont amenés par les parents eux-mêmes, lesquels abandonnent certains droits de la puissance paternelle à l'Assistance publique.

L'administration se trouve ainsi investie des droits de garde; mais la tutelle reste au père ou à la mère. Il en résulte, dans plus d'une circonstance, les plus fâcheux effets.

Bien souvent des parents se trouvent dans un état de misère tel qu'il ne leur est pas possible de conserver avec eux leurs enfants; ils se décident alors à placer les pauvres petits entre les mains de l'Assistance publique.

Nous disons avec intention placer et non pas abandonner. — Aucun but spéculatif, aucune arrière-pensée n'a dicté l'acte de ces parents, qui sont honnêtes, aiment leurs enfants, ne se séparent de ceux-ci qu'à regret et souhaitent ardemment pouvoir les reprendre.

Mais il est une autre catégorie de parents beaucoup moins recommandables. Ces derniers remettent leur enfant à l'administration uniquement parce qu'ils trouvent la charge trop lourde ; ou parce que l'enfant est atteint d'une maladie exigeant des soins constants et minutieux, mais pour laquelle il n'a pas été possible d'obtenir l'admission dans un hôpital.

L'enfant entre alors dans un des établissements de l'Assistance publique, et quand il est élevé, en état de gagner sa vie, les parents se présentent et, proclamant bien haut leurs droits, réclament la sortie de leur enfant.

L'amour paternel se réveille, dans ce cas, quand l'enfant n'est plus une charge.

Nous ne répondons pas de l'étendue de l'affection que les enfants peuvent avoir pour leur père et leur mère après pareille aventure ; nous en avons vu qui, honorablement mariés, ou militaires, ou établis, avaient pour leurs parents des sentiments frisant de très près le mépris.

L'amour paternel est incontestablement beau; mais ce sentiment est compris d'une singulière façon dans certains milieux et ne se fait même pas jour dans une couche sociale heureusement peu épaisse.

Comme on le verra par le tableau ci-dessous, il existe dans le service des moralement abandonnés un grand nombre d'enfants provenant de parents indignes.

Enfants de parents indignes.	102
Enfants de parents indigents mais non indignes.	165
Enfants de parents disparus.	9
Enfants de parents décédés	4
Enfants vicieux de parents non indignes.	96
	376

Ils ont été envoyés à l'Assistance publique

par la Préfecture de Police ou par le Parquet à la suite d'instructions judiciaires.

On classe parmi les non-indignes les parents qui n'ont pas donné lieu contre eux à l'intervention de la justice ou dont l'inconduite n'est pas notoire au point de devenir scandaleuse.

Entre cette inconduite mitigée et la moralité absolue, il y a une marge dans laquelle se meuvent des familles qui ne donnent pas à leurs enfants tous les soins et l'éducation désirables.

L'administration de l'Assistance publique n'exerce les droits de la puissance paternelle qu'autant que les parents en sont déchus par jugement.

Toutefois, cette tutelle peut lui être attribuée sur sa propre requête, ou encore lorsque les parents ont consenti une délégation expresse de leurs droits.

C'est alors à l'Assistance publique qu'il appartient de donner le consentement au mariage ou à l'engagement de ses pupilles.

Les nourriciers et patrons qui ont reçu des pupilles de l'Assistance publique peuvent, après trois années, demander au tribunal de leur confier la tutelle de ces enfants.

Le Conseil général de la Seine encourage beaucoup ce genre de tutelle, qui permet à l'enfant de se créer une nouvelle famille.

Les enfants assistés âgés de moins de treize ans sont placés chez des nourriciers en province.

Ceux qui sont en état de travailler après avoir terminé leurs études primaires sont placés chez des cultivateurs ou dans des établissements industriels. D'autres enfin sont répartis dans des établissements spéciaux, parmi lesquels nous citerons : l'Ecole Le Nôtre à Villepreux (Seine-et-Oise), l'Ecole d'Alembert à Montevrain (Seine-et-Marne), l'Ecole Roudil à Ben-Chicao (Algérie), l'Ecole professionnelle et ménagère d'Izeure (Allier), l'Ecole maritime de Port-Hallan à Belle-Ile-en-Mer (Morbihan); l'Orphelinat agricole de Sanvic, près le Havre (Seine-Inférieure).

Les enfants moralement abandonnés qui entrent à l'Assistance publique à un âge plus avancé sont placés aussi pendant un temps assez court chez des nourriciers, puis ils commencent leur apprentissage professionnel : à l'Ecole d'Alembert, où l'on forme des ébénistes et des typographes ; à l'Ecole Le Nôtre, où ils apprennent l'horticulture ; à l'Ecole de Port-Hallan, où s'instruisent de futurs marins.

Les jeunes filles entrent à l'Ecole professionnelle et ménagère d'Izeure, d'où elles doivent sortir à l'âge de dix-huit ans, leur apprentissage terminé.

En état de se suffire à elles-mêmes matériellement, elles demeurent sous la surveillance morale de dames patronesses.

Tout comme pour les enfants trouvés, les enfants moralement abandonnés peuvent être présentés directement à l'Assistance publique ou être admis par l'intermédiaire des commissaires de police pour le département de la Seine. Ces magistrats doivent même rechercher les enfants de dix à seize ans non surveillés par leurs parents et qui tendent, par suite à s'engager, dans la voie du vice; ils doivent aussi, quand les enfants sont maltraités, intervenir auprès des parents et déterminer, si possible, ceux-ci à remettre leurs enfants à l'Assistance publique.

Les parents qui veulent retirer leurs enfants, ce qui n'est pas admis en principe, ni pour les enfants assistés, ni pour les moralement abandonnés, doivent payer les frais de pension; mais comme il est avec tout des accommodements, on obtient assez aisément la remise totale ou partielle de ces frais, si l'intérêt de l'enfant milite en faveur de sa famille.

Mais c'est alors qu'il fait beau voir l'administration défendre ses pupilles, quand l'enquête faite à la suite de la réclamation dont ils sont l'objet n'établit pas l'absolue moralité des parents !

Comme on le voit, les enfants trouvés ou abandonnés sont on ne peut plus dignes de sympathie, sinon de respect, quand ils savent rester honnêtes. La faute originelle de leurs parents ne saurait leur être imputée et bien coupables seraient ceux qui les mettraient au ban de la société.

Nul ne doit oublier que si la condition de ses parents lui a permis de lever la tête et d'avoir une aisance relative dans la société, ce n'est pas — tout au moins jusqu'à l'âge d'homme — à son propre mérite qu'il le doit.

CHAPITRE VII

PROTECTION PHYSIQUE

Dans un chapitre précédent, l'on a vu que dès la naissance l'enfant peut être victime de crimes divers, dans le but notamment de détruire son état civil et sa filiation.

Dans cet ordre d'idées, il faut ajouter les crimes de suppression ou de recel d'enfant.

La suppression d'enfant est un crime distinct de celui d'infanticide ; il consiste à faire disparaître un enfant pour cacher une faute ou détruire la filiation.

Selon que l'enfant a vécu ou non, la peine est plus ou moins élevée, mais elle ne peut être supérieure à la réclusion.

Il est bien entendu que par faire disparaître un enfant il ne faut pas entendre lui retirer la vie (ce serait l'infanticide) ; mais tenir cachée son existence.

Le recel consiste à recevoir et à cacher un enfant contre lequel le crime ou le délit ci-dessus a été commis.

La peine encourue pour crime de recel est la même que pour la suppression. S'il n'est pas établi que l'enfant a vécu, l'emprisonnement est d'un mois à cinq ans.

*
* *

Lorsque l'enfant grandit, il est exposé, plus ou moins d'ailleurs, suivant le milieu où il fréquente, à voir commettre contre lui des crimes qualifiés attentat à la pudeur et viol.

Ce dernier crime est empreint d'une gravité morale exceptionnelle ; suivant qu'il a été commis par des étrangers ou par des parents, instituteurs ou personnes ayant autorité sur l'enfant, il est puni de la peine des travaux forcés à temps ou de la peine des travaux forcés à perpétuité.

L'aggravation de peine est relative à la qualité des coupables.

L'attentat à la pudeur consommé, ou seulement tenté sans violence, sur un enfant âgé de moins de treize ans, est punissable de la réclusion; tandis que, s'il a été commis avec violence sur un enfant âgé de moins de quinze ans, la peine devient celle des travaux forcés à temps.

L'âge de l'enfant et la qualité du coupable sont les facteurs déterminant; dans chacun des cas, la gravité du crime; la peine est aggravée en conséquence et devient celle des travaux forcés à perpétuité s'il s'agit des parents ou de personnes ayant sur l'enfant une autorité morale.

On le remarque, la loi a prévu d'une manière absolue que cette sorte d'attentat pouvait, malgré son ignominie, être commise par les parents, tandis qu'elle n'a pas paru croire possible que ces derniers commissent le crime d'abandon, puisque aucune aggravation de peine n'est positivement spécifiée contre les auteurs de ce crime lorsqu'ils sont revêtus de la qualité de parents.

L'enlèvement de mineur est un crime assez fréquent à l'égard des jeunes filles. (Certainement il est rare qu'une femme ait l'idée d'enlever un jeune homme mineur, un adolescent; cependant le cas se présente quelquefois.)

Mais, pour qu'il y ait crime, il est nécessaire que l'enlèvement ait été commis par fraude ou par violence.

La peine est assez sévère : elle peut s'élever aux travaux forcés à temps; mais, cela est bien certain, il ne faut pas que l'enfant, âgé de plus de seize ans, ait suivi volontairement son ravisseur. Aucune peine ne peut être prononcée si le ravisseur a épousé la jeune fille enlevée et si le mariage n'a pas été déclaré nul.

Le délit malheureusement commis le plus fréquemment contre les enfants est celui qualifié juridiquement « coups et blessures volontaires »

Les enfants maltraités sont en très grand nombre, même en nombre plus considérable que ne l'indiquent les statistiques judiciaires, parce que beaucoup de cas demeurent ignorés de la justice.

Il y a dans les peines une sorte de classification qui permet, selon la gravité et les suites des blessures, suivant les circonstances dans lesquelles on les a faites, d'appliquer aux coupables un emprisonnement, de cinq ans au plus, s'il n'y a pas privation de l'usage ou perte d'un membre.

Dans le cas où les coups ont entraîné la mort, la peine peut être celle des travaux forcés à temps, mais seulement s'il est bien établi que l'auteur du crime a porté les coups sans intention homicide.

S'il y avait, en effet, intention meurtrière, c'est-à-dire préméditation ou préparation du crime, on se trouverait en présence d'un véritable assassinat punissable de la peine de mort.

Il est difficile d'établir à quelle catégorie

de cette classification se rapporte un cas donné, et il est même souvent impossible à la justice, non seulement d'appliquer une peine, mais même d'exercer des poursuites devant la juridiction compétente, tribunal correctionnel ou cour d'assises, sans recourir à une expertise médicale.

Comment établir en effet, d'une manière absolue, l'intention criminelle de donner la mort lorsque, par exemple, le coupable n'a tenu sur ce point aucun propos compromettant, et lorsque ses actes antérieurs ne viennent pas démontrer clairement son intention meurtrière?

Tel peut maltraiter et frapper abusivement, d'une façon habituelle, un enfant, sans pour cela vouloir le tuer.

Les circonstances peuvent faire qu'au cours des violences dont il est l'objet, un enfant tombe malheureusement et se tue; l'on ne peut pourtant pas, dans ce cas, reprocher juridiquement sa mort à celui qui en fut l'auteur involontaire. Au risque de ne pas appliquer à chaque cas la peine afférente, on a préféré, par des mesures nettement déterminées, sauvegarder la liberté de gens qui pourraient avoir à se reprocher un moment d'emportement et rien de plus.

L'expertise médicale doit également établir avec une exactitude absolue quelles sont la gravité et l'origine des blessures, et déterminer si elles ont été la cause de la mort.

Il est possible de constater quelquefois qu'une blessure insignifiante a des conséquences terribles pour un enfant débile ou incapable, par sa constitution, de résister à la moindre violence.

Il est naturellement tenu compte de ces diverses circonstances dans l'appréciation des faits.

L'expertise médicale est aussi nécessaire lorsque par suite de son abandon, dans un lieu solitaire ou non, la victime contracte une maladie, ou meurt dans un temps relativement court.

Il faut alors rechercher si la maladie à

laquelle a succombé l'enfant a été contractée avant ou après l'abandon ; dans le premier cas, si elle en est la résultante, et, dans le second cas, si le délaissement a été la cause d'une aggravation mortelle de l'état maladif.

Le champ ouvert à la discussion est vaste.

Quelle que soit la protection dont on veuille entourer l'enfance, il faut se garder avec soin de céder à un emballement généreux et irréfléchi qui aurait parfois pour résultat de faire appliquer à des parents, assurément coupables, une peine hors de proportion avec la faute commise.

La loi n'a pas prévu, nous l'avons dit déjà, que des parents puissent abandonner leurs enfants ; elle n'a pas prévu non plus qu'ils puissent user de violences contre les enfants au point de blesser ceux-ci, de les mutiler ou de leur ôter la vie.

Au nombre des droits de puissance paternelle, la loi comprend évidemment le droit de correction ; elle paraît estimer que les corrections paternelles sont nécessaires et suffisantes pour punir nombre de fautes graves que pourraient commettre les enfants; mais à coup sûr elle n'a pas voulu autoriser les parents à user de violences sous le couvert de cette tolérance.

Aussi est-elle restée absolument muette en ce qui concerne une aggravation de peine à l'égard de ceux qui maltraitent leurs enfants.

C'est une lacune qui sera comblée bientôt, du moins on doit le souhaiter, grâce aux propositions de loi déposées tout récemment à la Chambre des Députés par MM. Henry Cochin, Julien Goujon et Odilon Barrot.

Dans un remarquable exposé de motifs, M. Henry Cochin fait ressortir la bizarrerie de ce silence de la loi.

La loi, muette à l'égard des parents qui maltraitent coutumièrement leurs enfants, les blessent ou les martyrisent, a pourtant édicté des pénalités très sévères contre les malheureuses qui les tuent, au moment même où elles viennent de leur donner la vie. Pourtant celles-ci ne connaissent pas le prix des douces caresses filiales et elles peuvent redouter le mépris public.

M. Cochin voudrait que dans tous les cas de coups, blessures, mauvais traitements infligés à un enfant, la gravité des actes criminels ou délictueux commis dépendît de l'âge de l'enfant et de la qualité du coupable. Il arrive à demander que les violences et voies de fait commises, d'une manière habituelle, par des ascendants sur un enfant âgé de moins de quinze ans, soient punies de la peine des travaux forcés à perpétuité si la mort s'en est suivie. L'intention meurtrière n'aurait pas besoin d'être établie.

Lorsqu'elles seraient de nature à compromettre la santé, ou si elles revêtaient un caractère de gravité exceptionnelle, les violences ou voies de fait, commises habituellement sur un enfant âgé de moins de quinze ans par les parents ou concubins, entraîneraient la peine de la réclusion.

En effet, les coups portés à un enfant sont rarement assez graves pour provoquer une infirmité immédiate; mais leur répétition fréquente ne laisse pas que de mettre en sérieux danger la vie d'un être faible, incapable de résister aux violences.

Enfin, le maximum des peines serait toujours appliqué, et les violences ou voies de fait répétées seraient punissables de deux à trois ans de prison, alors même qu'elles n'auraient entraîné aucune maladie.

M. Julien Goujon, député, s'inspirant des mêmes motifs, a demandé qu'une aggravation de peine soit prévue pour les parents légitimes ou naturels et concubins qui maltraitent les enfants se trouvant sous leur garde; cette aggravation serait appliquée lorsque l'enfant aurait subi plus de vingt jours de maladie; si les coups et blessures portés à un enfant âgé de moins de treize ans entraînaient une infirmité ou la mort, l'aggravation ne manquerait pas d'être appliquée. Il en serait de même en cas de meurtre. Les peines deviendraient donc respectivement, dans ces différents cas, celles de la réclusion, des travaux forcés à temps, des travaux forcés à perpétuité, ou de la mort.

A l'encontre des propositions de M. Henry Cochin, ce projet ne prévoit pas d'aggravation de peine dans le cas ou aucune maladie n'est déterminée par les mauvais traitements habituels dont l'enfant est l'objet.

C'est un oubli sans doute. On doit considérer en effet que des mauvais traitements habituels sont, c'est du moins notre humble avis, beaucoup plus répréhensibles qu'un coup unique entraînant des suites non prévues par les auteurs de la violence. Ceux-ci peuvent être trop vifs, trop prompts, dans la manifestation d'un accès de colère, mais néanmoins aimer leurs enfants. D'autre part, M. Odilon Barrot, député, cherche à mettre fin au silence que conserve la loi au sujet d'une aggravation de peine en matière d'abandon lorsque les auteurs du crime ont la qualité de parents.

M. Odilon Barrot propose que l'abandon dans un lieu non solitaire soit assimilé au délaissement, dans un endroit désert, lorsqu'il aura entraîné la mort. Par suite, il demande pour ce cas la peine des travaux forcés à temps.

*
* *

S'il est bon de protéger la vie de l'enfant, il ne faut pas oublier de le préserver des fréquentations mauvaises qui le guettent et l'attirent.

Nombreux sont les misérables qui cherchent à satisfaire sur les jeunes gens des deux sexes, au détriment de ceux-ci, les plus honteuses passions ; d'autres se contentent de servir d'intermédiaires et tirent profit de la débauche qu'ils provoquent ; on sait comment sont punis les premiers.

Aux autres s'applique le délit d'excitation habituelle de mineurs à la débauche, pour lequel la pénalité, comme dans maints autres cas, est aggravée si les père, mère, tuteur ou surveillants de l'enfant sont les provocateurs, les aides complaisants de la débauche.

Combien de fillettes ont eu a subir l'odieux contact de satyres, qui profitent du peu de surveillance exercée sur elles par les parents retenus à l'atelier, ou quelquefois, cela est plus affligeant encore, attardés au cabaret !

Accoutumées à l'immoralité par le spectacle constant de l'inconduite paternelle, par l'attitude honteuse des parents rentrant au logis ivres et tenant devant elles des propos orduriers, les enfants moralement perverties ne savent ni résister, ni se soustraire aux propositions alléchantes qui leur sont faites, et elles mettent à profit leur liberté pour se lancer à plein corps dans le mal.

Les parents qui facilitent ouvertement la débauche de leurs enfants et en tirent profit sont heureusement rares ; mais la catégorie de ceux qui ferment volontairement les yeux et « ne veulent rien savoir » est beaucoup plus peuplée. D'une insouciance absolue et criminelle, ils ne s'inquiètent pas de savoir d'où proviennent les coûteux colifichets dont se parent les fillettes, de rechercher la source de l'argent qu'elles rapportent.

De temps à autre, pour la forme, on fait quelques observations, l'on crie un peu, l'on cogne au besoin ; mais l'enfant sent combien manque de conviction l'indignation passagère des parents, elle devine l'indifférence réelle de ceux-ci et ne change en rien sa ligne de conduite.

Certains parents encore, soucieux avant tout de voir diminuer les charges de la famille, s'ingénient à faire produire leurs enfants ; pour que la fille rapporte au plus tôt quelque argent, ils la placent, n'importe où, sans s'inquiéter du milieu, sans calculer les chances que l'enfant peut avoir de se livrer à l'inconduite. Quand un *malheur* arrive, pour user de leur expression coutumière, ils semblent tout surpris, puis se livrent à des violences que seuls ils mériteraient de subir ; mais si quelque profit est certain, si quelque compensation pécuniaire survient, la faute est considérée comme réparée, le « malheur » devient un incident sans importance et tout courroux s'efface.

Madame Cardinal n'est pas une invention pure ; ce type n'a pas été créé de toutes pièces par le cerveau imaginatif de M. Meilhac. L'aimable auteur a fourni l'esprit, mais il eut un collaborateur : l'observation.

Citons un exemple.

Une mère de famille, passant pour une brave femme et se considérant soi-même comme rigoureusement honnête, avait négligé de faire enseigner de bonne heure un métier manuel à sa plus jeune fille.

Il fallait cependant que l'enfant commençât à « gagner son pain ». La mère chercha et trouva une profession facile.

Elle plaça sa fillette comme marcheuse dans un théâtre parisien ; celle-ci allait atteindre sa seizième année, mais, en pleine croissance, elle ne pouvait être considérée que comme une enfant. Le luxe entrevu au théâtre, les conversations grivoises, l'exemple des petites camarades vicieuses, en un mot, la griserie du milieu dans lequel on l'avait ainsi brusquement introduite, ne tardèrent pas à agir sur le cerveau de la jeune fille, qui, quelques mois plus tard, devenue presque une femme, n'hésita pas à suivre très gaiement un jeune figurant.

Non vicieuse, mais curieuse, l'enfant voulait savoir ; puis elle croyait aux promesses et comptait trouver un bien-être inconnu au logis paternel.

La mère découvrit l'intrigue, s'indigna, traîna sa fille chez le commissaire de police et voulut déposer une plainte contre « l'immonde ravisseur » de son innocente enfant.

Mais la fillette n'hésita pas à déclarer qu'elle avait suivi le jeune homme parce qu'il lui plaisait.

Après avoir fait des remontrances à la jeune fille, le magistrat sermonna la mère, tenta de lui faire comprendre combien elle avait été imprudente, sinon coupable, en plaçant sa fille au théâtre, où celle-ci ne gagnait pour ainsi dire rien et où il était de toute impossibilité de la surveiller, les parents retenus par leur travail ne pouvant l'accompagner.

— Oh! je sais bien, dit la mère, j'y ai songé! Je pensais bien que tôt ou tard elle *ferait comme tout le monde*, elle aurait « quelqu'un »; mais je ne supposais pas qu'elle *sauterait le pas si vite!* Si elle avait seulement dix-huit ou dix-neuf ans!

La sœur aînée jugea bon d'intervenir; elle apostropha à son tour sa cadette, et, sévèrement :

— Malheureuse! à quoi pensais-tu? avec un homme qui n'a pas le sou, un homme qui vit en hôtel!

Pour la mère, vice et vertu étaient une question d'âge; pour la fille aînée, une question d'argent.

La fillette sans guide avait cédé aux premières sollicitations, le mal n'avait pas encore jeté de profondes racines ; mais comment pouvait-elle revenir dans le droit chemin en n'ayant pour tout soutien que les maximes commodes et dénuées de sens moral de sa mère et de sa sœur ?

Ne sera-t-elle pas un jour contrainte de chercher dans l'inconduite habituelle et dans la débauche les moyens d'assurer son existence ?

Peut-être est-elle aujourd'hui dans le nombre des malheureuses qui font commerce de leur chair. Dans ce cas, qui devient responsable de son avilissement ?

Malgré la réputation de marâtre qu'on lui prête, la Préfecture de Police essaie d'empêcher par tous les moyens en son pouvoir que la jeune fille dévoyée ne devienne une cliente habituelle du dispensaire.

Une mineure est-elle arrêtée une première fois par le service des mœurs, les parents sont convoqués et invités à la reprendre avec eux et à veiller sur elle, à la condition toutefois qu'ils ne soient tarés d'aucune indignité.

Si les parents habitent la province, le rapatriement est offert.

Quand on ne peut pas la remettre à ses parents, la jeune fille est placée à l'Assistance publique, dans le service des moralement abandonnés.

Mais si, malgré la sollicitude dont elles sont l'objet ; si, ayant atteint l'âge de dix-sept ou dix-huit ans, les jeunes filles dévoyées continuent leur vie de débauche d'une façon notoire et scandaleuse, elles se voient inscrites sur les contrôles spéciaux du dispensaire ; leur âge, leur nature vicieuse empêchent alors de les placer dans les services dont nous venons de parler, car elles y pourraient apporter la contagion du vice.

Seulement à la suite de plusieurs arrestations pour prostitution manifeste les malheureuses filles sont l'objet de mesures de rigueur qui ont pour but unique de protéger la santé publique.

CHAPITRE VIII

PROTECTION DES BIENS

Selon la situation sociale qu'il occupe, l'enfant ou l'adolescent est susceptible de recevoir une éducation morale plus ou moins développée et, s'il se trouve absolument sans famille et sans soutien, il a de fortes chances d'échouer sur les écueils qu'à chaque instant il trouvera sur sa route.

Il est donc intéressant d'observer que le législateur s'est efforcé, au moyen de formalités nettement déterminées, de protéger la fortune du mineur.

En effet, à peine l'enfant, par son âge et sa force physique, a-t-il échappé aux divers crimes susceptibles de compromettre son existence, quel que soit d'ailleurs leur mobile réel, qu'il a à redouter, s'il est dans une bonne situation de fortune, les entreprises des aigrefins prêts à abuser de ses faiblesses et de ses passions. Une cause tristement célèbre l'a démontré il n'y a pas longtemps : escrocs et usuriers tendent leurs filets, font naître les besoins d'argent, et toujours complaisants, revêtant des allures de petits manteaux-bleus, mettent à la disposition des jeunes gens des sommes importantes, à des taux usuraires, en échange de billets en blanc, ou d'effets qui portent des dates postérieures à la majorité de leur victime.

Ces manœuvres honteuses sont percées à jour par la justice et valent à leurs auteurs, lorsqu'on les peut découvrir, de sévères peines d'emprisonnement et d'amende, sans compter la restitution.

On l'a vu, la loi protège déjà le mineur contre son père légitime qui peut être tenté de le désavouer à tort et par suite de le mettre dans la situation d'un enfant adultérin, paria que la société rejette de son sein.

Elle permet à l'enfant ou à l'adolescent, mais il n'est guère fait usage de ce droit qu'après la majorité, de réclamer son état d'enfant légitime dans le cas où sa filiation aurait été détruite par suppression d'acte ou par toute autre manœuvre, ou erreur dans les actes. Il est également permis à l'enfant de rechercher sa mère, mais il est tenu de prouver, par témoins ou par écrits, qu'il est l'enfant dont accoucha la femme qu'il dit lui avoir donné le jour.

Enfant légitime ou enfant naturel, il a droit à la succession de ses père et mère.

Comme enfant légitime, s'il est seul vivant au moment du décès de son ascendant, la moitié des biens de celui-ci lui est réservée.

S'il est enfant naturel reconnu, il a droit à la moitié de ce qu'il aurait eu étant légitime, dans le cas où le père ou la mère décédé laisse des descendants légitimes.

L'enfant naturel a droit à la même part que l'enfant légitime, c'est-à-dire à la totalité des biens, si le père ne laisse ni descendants, ni ascendants, ni frère ou sœur.

Comme on le voit, la situation des enfants naturels s'est beaucoup améliorée ; une loi toute récente leur reconnaît d'ailleurs les droits de véritables héritiers.

Quand le tuteur ou la tutrice est le père ou la mère légitime, l'usufruit des biens du pupille lui appartient jusqu'à ce que ce dernier ait atteint l'âge de dix-huit ans, à moins qu'il ne soit émancipé avant cet âge ; c'est ce qu'on appelle la jouissance légale.

Les meubles du mineur peuvent être conservés en nature par le tuteur naturel et légal qui est dispensé d'en faire la vente. Il y a souvent intérêt à conserver un mobilier auquel se rattachent des souvenirs précieux, et dont il serait trop pénible pour l'époux survivant de se séparer.

Après le décès du père ou de la mère, un inventaire doit être fait des biens laissés par le défunt ; l'époux survivant ne peut pas être dispensé de remplir cette formalité qui a pour but de sauvegarder la fortune de ses enfants.

La jouissance légale dont nous venons de parler n'a pas d'effet au profit de celui des père et mère contre lequel le divorce a été prononcé, et elle cesse, à l'égard de la mère, dans le cas de second mariage.

Si une donation est faite à un mineur, elle peut être acceptée par le père ; il en est de même d'une succession.

Dans le cas où le mineur est sous tutelle, la donation ou succession ne peut être acceptée ou répudiée par le tuteur qu'après avis conforme du conseil de famille.

Quand un ascendant décédé laisse des enfants mineurs sans tuteur, les scellés peuvent être apposés d'office à son domicile par le juge de paix, pour empêcher le détournement des biens.

Dès que la tutelle est ouverte, le mineur a pour la garantie de ses biens une hypothèque légale sur ceux de son tuteur, sans qu'il soit nécessaire de remplir des formalités spéciales.

Les dépenses de l'enfant mineur sont réglées approximativement par le conseil de famille, selon l'importance des biens régis.

Si les père et mère sont décédés, le tuteur est tenu de faire vendre, les meubles faisant partie de la succession, à moins d'avis contraire du conseil de famille.

Ce même tuteur ne peut aliéner les biens sans autorisation spéciale du conseil de famille, et encore faut-il que le tribunal ait sanctionné cette décision.

Aucune vente d'immeubles ou de meubles appartenant en tout ou en partie à un enfant mineur ne peut avoir lieu autrement qu'en justice et à la criée.

C'est une garantie évidemment; mais le but que l'on se propose, c'est-à-dire ménager absolument les deniers du mineur, n'est pas rigoureusement atteint, en ce sens que les ventes judiciaires entraînent des frais énormes ; elles diminuent d'autant l'avoir du mineur, car les biens, surtout les meubles vendus judiciairement, sont du fait même dépréciés et n'atteignent pas toujours leur valeur vraie.

Pour protéger le mineur dans la plus large mesure, il est défendu à son tuteur d'acheter ses biens et de les prendre à ferme, à moins d'une décision spéciale du conseil de famille. En outre, ce tuteur, qui représente l'enfant dans tous les actes de la vie civile, ne peut louer ces biens aux tiers pendant une période supérieure à neuf années, de façon à ne pas gêner le pupille d'une manière trop considérable lorsqu'il sera devenu majeur.

Enfin, les transactions importantes qu'il y a lieu de faire au nom du mineur doivent être sanctionnées par le conseil de famille et par le tribunal.

Comme on le voit par ce coup d'œil rapide jeté sur la loi, les biens de l'enfant sont suffisamment protégés ; et si l'on a pensé qu'une mauvaise administration ou l'indélicatesse d'un tuteur pouvait les compromettre, on a pris en conséquence toutes les précautions susceptibles d'empêcher les gestions mauvaises, frauduleuses ou autres.

On peut donc estimer que, légalement, les biens sont plus protégés que la personne de l'enfant ou de l'adolescent mineur.

CHAPITRE IX

PROTECTION MORALE

On sent dans la loi l'ardent désir d'imposer aux enfants le respect absolu de leurs parents.

Ce principe étant considéré comme gravé dans l'esprit et le cœur de l'enfant, la loi cherche, par suite, à éviter à celui-ci des démarches susceptibles de produire sur lui une impression cruelle. Par exemple, l'enfant ne peut être entendu en témoignage contre ses parents dans un procès criminel.

Cependant il arrive souvent dans la pratique qu'il est entendu, si aucun des intéressés n'y fait opposition. — C'est de la protection morale.

Recherchons quelles sont les diverses mesures de protection morale actuellement en vigueur.

Les plus importantes sont les plus récentes ; elles ont été votées depuis vingt-cinq ans.

Nous allons les passer en revue rapidement.

C'est d'abord l'interdiction aux cabaretiers de servir des liqueurs alcooliques aux enfants âgés de moins de seize ans.

On a ainsi voulu protéger l'adolescent contre les mauvais exemples que peuvent leur donner les gens enclins à la boisson, notamment certains ouvriers avec lesquels ils peuvent se trouver en contact à l'atelier.

Plus tard, on a édicté des pénalités contre les personnes et contre les père, mère et tuteur, qui font exécuter des tours de force périlleux ou des exercices de dislocation par des enfants âgés de moins de seize ans, et contre ceux qui livrent leurs enfants à des exploitants pour l'exercice de la profession de saltimbanque, gymnasiarque, etc.

Il était une époque encore peu éloignée de nous où les choses se passaient tout différemment.

La grande attraction des cirques, baraques foraines, etc., consistait en l'exhibition de petits phénomènes. Si cela a un peu diminué, cela n'a malheureusement pas complètement disparu.

On a aussi voulu atteindre les parents qui placent sous la conduite de vagabonds ou de mendiants les enfants âgés de moins de seize ans.

Enfin les parents qui emploient, soit ouvertement, soit sous l'apparence d'une profession, leurs enfants à la mendicité habituelle, sont aussi punissables.

C'était un délit qu'il était important de créer ; car le nombre des enfants ainsi exploités devenait chaque jour plus considérable.

On n'ignore pas, en effet, qu'à côté des parents miséreux et réellement dignes d'intérêt, susceptibles d'envoyer leurs enfants mendier pour leur procurer du pain, il en est d'autres qui n'hésitent pas à se livrer avec eux à des spéculations véritablement honteuses.

Ils les louent à des éclopés qui se promènent par les rues avec trois ou quatre enfants dans le but d'attirer la compassion ; les bénéfices sont partagés.

Comme il est établi que la profession de mendiant est très rémunératrice, les parents indignes arrivent par ce moyen à satisfaire leurs habitudes de fainéantise et d'intempérance.

D'autres encore envoient leurs enfants mendier seuls, et quand les malheureux petits rentrent le soir sans la somme fixée, ils sont privés d'aliments ou maltraités.

C'est ainsi que l'on voit devant les églises, les dimanches, les jours de fêtes, les jours de mariage, une double haie d'enfants loqueteux dont l'apparence sordide attire la compassion.

Enfin il est une catégorie de petits mendiants qui est aussi fort intéressante, et le nombre de ces pratiquants est considérable : ce sont les enfants qui vendent dans les rues du papier à lettre, des crayons, des fleurs et autres menus objets.

Il ne viendrait à personne l'idée d'acheter réellement leur marchandise ; leur air misérable, souffreteux et leur insistance font que chacun tient presque à verser son obole, ne serait-ce que pour éviter au pauvre petit les coups qui l'attendent s'il n'apporte pas le soir au logis la somme fixée.

Particulièrement les fillettes sont employées à la vente des fleurs à la terrasse des cafés.

On les voit, le soir, et même la nuit, errant sur les boulevards, tenant en main des fleurs qu'elles offrent aux consommateurs, à la générosité desquels est laissé le soin de fixer le prix de la marchandise.

Elles s'attachent surtout à fréquenter

l'approche des lieux de plaisir où abondent les couples joyeux et les femmes de mœurs légères.

On se rend compte de ce qu'elles peuvent entendre et l'on peut croire qu'au bout de quelques mois elles sont moralement perverties.

Si souvent on leur achète un modeste bouquet, il arrive aussi qu'elles sont l'objet de propositions immorales de la part de vieillards lubriques, de satyres immondes.

L'offre des fleurs déguise, souvent, l'offre de l'enfant.

Il est fréquent de voir ces fillettes suivre quelque débauché, lorsqu'elles voient par ce moyen la possibilité de rapporter un peu d'argent au logis.

En réalité, ce genre de profession ne dissimule pas seulement la mendicité, mais aussi la débauche ; débauche d'autant plus coupable que les parents en profitent et qu'elle leur permet parfois d'exercer moralement de véritables tentatives de chantage.

Pour montrer jusqu'à quel point va, dans cet ordre d'idées, la hardiesse de certaines fillettes, nous rapporterons un fait :

Un homme fort honorable et dans une situation excellente venait de s'asseoir à la terrasse d'un café; sa voiture l'attendait à deux pas.

Profitant d'un moment d'inattention du cocher, une jeune marchande de fleurs s'était introduite et tapie dans la voiture.

Le gentleman revint, donna ses ordres au cocher et monta dans la voiture, qui roulait déjà rapidement lorsqu'il s'aperçut de la présence de l'enfant. Celle-ci cherchait à se livrer à des manœuvres qui ne pouvaient laisser aucun doute sur ses intentions.

Que serait-il arrivé si, dans un moment d'aberration mentale, cet homme n'avait pas su résister à la gamine ?

Il fut dégoûté, fit arrêter la voiture et chassa l'enfant.

*
* *

Quelles que soient les causes qui conduisent l'enfant à tendre la main, à solliciter les aumônes, on ne peut que les déplorer. S'il n'est pas possible de faire disparaître ces causes, d'ailleurs multiples, il faut s'efforcer du moins d'empêcher l'enfant de mendier.

L'enfant adonné à la mendicité est forcément enclin à la paresse et au vagabondage; il est tout préparé pour glisser sur la pente de l'escroquerie et du vol.

C'est ce qu'ont fort bien compris un certain nombre de personnes sur l'initiative de qui s'est formée, il y a trois ans, la « Société contre la mendicité des enfants ».

Aux termes de ses statuts, la Société se propose de combattre la mendicité des enfants dans le département de la Seine, spécialement en s'occupant de leur faire fréquenter les écoles maternelles ou primaires, s'ils sont à l'âge scolaire, ou de leur procurer du travail s'ils sont plus âgés.

Les membres actifs de la Société surveillent les enfants mendiant et recueillent le plus possible de renseignements sur eux et leur famille.

Des directeurs, nommés par le conseil d'administration et chargés de surveiller chacun une partie du département de la Seine, centralisent les indications fournies, font des enquêtes sur les enfants signalés et prennent les mesures qu'ils jugent nécessaires, sauf approbation du conseil.

Cette Société compte aujourd'hui plus de deux mille membres ; elle a obtenu déjà d'excellents résultats et son rayon d'action s'étend chaque jour.

En somme, son fonctionnement est le suivant : un membre actif rencontre un enfant mendiant, il l'interroge, prend note du nom et de l'adresse (la plupart du temps inexacts d'ailleurs), et transmet les renseignements obtenus au directeur de la section compétente.

Celui-ci fait une enquête à propos de laquelle l'administration ne refuse pas son aide.

Une fois que la famille est connue, on lui

fait comprendre combien il est déplorable d'envoyer mendier l'enfant; on lui donne quelques secours lorsque réellement la misère le nécessite, à condition que l'enfant ira assidûment à l'école.

Quand le gamin peut travailler, on lui procure de l'ouvrage, et le salaire honnêtement acquis remplace dans la famille les ressources demandées naguère à la mendicité.

En présence de la fréquence de la mendicité, en tenant compte des mauvais traitements dont beaucoup d'enfants sont l'objet, on a reconnu la nécessité d'ajouter à la loi des dispositions permettant de prononcer la déchéance des parents indignes d'exercer la puissance paternelle.

Dans ce cas, l'enfant est confié soit à l'Assistance publique, soit à des personnes honorables. Il n'est plus sans aide et sans protection.

L'application de la loi relative à la déchéance de la puissance paternelle, votée sur la proposition de M. Théophile Roussel, sénateur, est, selon les circonstances, obligatoire ou facultative.

La déchéance de la puissance paternelle est obligatoire quand les parents ont été condamnés comme auteurs, complices ou instigateurs d'un crime commis sur leurs enfants ou par ceux-ci,

Elle est encore obligatoire quand ils ont été condamnés deux fois pour excitation de mineurs à la débauche.

Enfin, une seule condamnation suffit quand les parents ont débauché leurs propres enfants.

Elle est facultative et laissée à l'appréciation du tribunal quand les père et mère ont été condamnés à la réclusion pour un crime de droit commun, ou quand ils l'ont été deux fois pour séquestration, suppression ou abandon d'enfants, ou pour vagabondage.

Quand ils ont été condamnés une seule fois pour excitation de mineurs à la débauche, ou que les enfants, âgés de moins de seize ans, ont été mis en correction pour un délit commis par eux sans discernement, la déchéance est aussi facultative. Il en est de même si les parents ont été condamnés pour emploi de leurs enfants à la mendicité ou à des exercices périlleux. Enfin, si par leur ivrognerie habituelle, leur inconduite notoire et scandaleuse, ou par des mauvais traitements, les parents compromettent soit la santé, soit la sécurité, soit la moralité de leurs enfants, ils peuvent être déchus des droits de la puissance paternelle.

Il s'agit donc de faire, dans ces derniers cas, une enquête approfondie sur la situation des parents coupables ; et dans cet ordre d'idées, malgré l'intérêt que l'on peut montrer à l'enfant, il faut bien se garder de porter une atteinte irréfléchie et mal justifiée au principe de l'autorité paternelle. C'est surtout dans les couches sociales inférieures que l'on peut trouver l'application de cette partie de la loi ; là où les parents n'exercent pas de surveillance sur les enfants, laissés pour ainsi dire libres d'eux-mêmes, pendant qu'eux, les parents, se livrent à la débauche et à l'ivrognerie.

Combien sont à plaindre les malheureux enfants qui attendent seuls au logis leurs parents attardés sans nécessité, lesquels rentrent pour donner le spectacle d'une ivresse honteuse !

Ces enfants mangent où ils peuvent, ne vont pas à l'école, fréquentent dans la rue d'autres gamins de leur âge déjà vicieux; ils se laissent entraîner au vagabondage et il n'est pas rare de voir beaucoup de ces bambins se faire arrêter pour avoir volé, aux étalages, des friandises ou autres denrées.

C'est ainsi que, pendant l'année 1895, on a arrêté dans le département de la Seine 1,393 enfants, parmi lesquels se trouvaient 182 petites filles. Tous avaient commis des crimes et délits contre l'ordre public, les personnes, les mœurs ou les propriétés. L'administration a rendu aux parents ou placé 123 enfants; le surplus, soit 1,270, a été déféré au Parquet.

Alors, c'est pour les petits malheureux le défilé devant la justice qui a, dans ce cas, pour premier devoir de rechercher les causes de leur inconduite.

Pendant que ceux-ci sont placés en surveillance dans une des branches nouvellement créées du service des moralement abandonnés, ou à la petite Roquette, il est fait une enquête pour savoir si les enfants peuvent être rendus sans inconvénient aux parents, ou bien s'il y a lieu de les garder définitivement à l'Assistance publique, dans des établissements privés, ou dans une maison de correction.

Si l'enfant n'est pas trop gangrené et si les parents sont plutôt négligents que malhonnêtes, un court séjour dans une maison de correction est quelquefois profitable à l'enfant susceptible de s'amender.

Le régime auquel sont soumis les enfants en correction ne plait à ceux-ci qu'à moitié et leur plus grand désir est de n'y pas retourner.

Quand la déchéance est prononcée contre le père, ou contre la mère survivante, l'ascendant frappé n'a plus aucun droit sur l'enfant.

Le domicile du mineur n'est plus obligatoire chez le père, qui n'a aucun droit à la surveillance de son enfant ; lorsqu'il se marie, celui-ci n'a pas à demander de consentement, pas plus que pour l'adoption ou la tutelle officieuse.

Le père ou la mère déchu, n'ayant plus la tutelle du mineur, n'a pas l'administration de ses biens ; il ne peut provoquer la mise en correction de son enfant, l'émanciper, accepter ou répudier une donation faite au mineur ; il n'a pas à consentir à son placement en apprentissage, à son engagement volontaire, et il est privé, si c'est le père déchu qui est le prémourant, du droit de donner à la mère un conseil de tutelle.

Tous les parents, jusqu'au degré de cousin germain, ont le droit de provoquer la déchéance de la puissance paternelle.

Le Procureur de la République aussi peut agir d'office.

Lorsqu'un citoyen est certain qu'un enfant est réellement maltraité, ou que sa moralité est compromise, il lui suffit d'en aviser le Préfet de Police ou le Procureur de la République, et la justice est considérée comme valablement saisie.

Quand la justice découvre que la sécurité ou la moralité d'un enfant sont gravement compromises, elle intervient, mais parfois trop tard. A qui la faute? Les personnes au courant des faits, amis, voisins, parents, sont en réalité moralement responsables des mauvais traitements endurés habituellement par les enfants.

Il est rare qu'on ait le courage de dénoncer ouvertement au Commissaire de Police des actes de brutalité commis contre l'enfance; on en parle chez la concierge, on papotte entre commères, dans les maisons ou dans les quartiers populeux; on s'étonne fort d'ailleurs du silence de la justice; mais nul n'a l'idée que si la justice est muette, c'est parce qu'elle ne sait rien ; nul ne songe à l'éclairer. Lorsque par hasard une dénonciation est faite, c'est neuf fois sur dix par un moyen détourné ou par lettre anonyme.

Lorsqu'un enquêteur se présente dans le voisinage, personne ne souffle mot ; chacun s'ingénie au contraire à se retirer du débat, pour ne pas avoir à paraître en qualité de témoin. Ah ! quand le coupable est arrêté, entraîné menottes aux poignets, tout change ! Le voisinage s'assemble, les commères s'ameutent ; on hurle « A mort ! » on jette des pierres ! Les tout petits enfants, stylés par les grand'mères, montrent le poing à l'infâme.

En son for intérieur, naïvement, chacun croit démontrer par ses cris l'excellence de ses sentiments et personne ne songe qu'il eût été autrement honnête de faire preuve du meilleur des sentiments d'humanité, en mettant fin beaucoup plus tôt au martyre de l'enfant, par un seul mot dit loyalement et sans honte, à visage découvert !

Personne ne sent combien il est peu digne d'écraser sous les huées cruelles et méprisantes un misérable déjà privé de liberté et maintenu par des agents. Le troupeau de niais et de timorés, qui ne sut pas défendre un enfant, se transforme en une horde de loups.

Quand la déchéance de la puissance paternelle est provoquée sans que l'indignité des parents résulte d'une information judiciaire, le tribunal fait procéder à une enquête, et au besoin fait réunir le conseil de famille s'il le juge à propos.

Le jugement peut, selon les circonstances, placer l'enfant sous la tutelle de l'autre époux ou sous celle de l'Assistance publique, à moins qu'une personne honorable et justifiant de moyens d'existence ne demande que l'enfant lui soit confié.

Dans ce cas le protecteur doit prendre l'engagement de subvenir aux besoins et à l'éducation du mineur placé sous sa tutelle.

C'est une des formes de la tutelle officieuse avec cette exception, toutefois, que dans le cas où le tuteur aurait l'administration des biens de son pupille, les siens ne seraient pas grevés d'une hypothèque légale, comme dans la tutelle ordinaire.

C'est un encouragement que la loi a voulu donner aux personnes disposées à recueillir les enfants malheureux.

Quand une administration d'assistance publique ou des associations de bienfaisance régulièrement autorisées, ou même des particuliers, ont recueilli des enfants mineurs de seize ans, sans l'intervention des père et mère, une déclaration doit être faite dans les trois jours : en province, au Maire, et à Paris, au Commissaire de Police ; le magistrat dresse un procès-verbal qui est notifié aux parents.

Dans le cas où ceux-ci ne réclament pas leurs enfants dans un délai de trois mois, l'association ou la personne charitable peut obtenir du tribunal que l'enfant lui demeure confié. En même temps, tout ou partie des droits de la puissance paternelle peut lui être dévolu.

Il peut arriver encore, mais sur ce point la loi Roussel a malheureusement été peu appliquée quant à présent, que des parents confient directement leurs enfants mineurs de seize ans à la garde d'un particulier.

Dans ce cas, le tribunal peut accorder aussi au protecteur de l'enfant les droits de puissance paternelle abandonnés par les parents.

Il faut souhaiter que ce genre d'abandon devienne plus fréquent, et que les œuvres de bienfaisance ou des personnes charitables provoquent au besoin, de la part des parents, la remise de leurs droits de puissance paternelle.

Dans bien des cas, ce serait pour l'enfant un moyen de se créer un nouveau foyer dans lequel il trouverait une assistance et une protection qui lui faisaient défaut dans sa famille naturelle.

La loi a voulu que, dans ces différents genres de placement, l'enfant demeurât sous la protection de l'Etat, et elle a décidé qu'il serait en quelque sorte sous la surveillance du Préfet du département. L'administration devait en effet veiller à ce que, dans sa nouvelle famille, l'enfant recueilli ne rencontrât pas les mêmes difficultés à vivre, les mêmes conditions mauvaises d'existence physique et morale que chez ses parents.

Lorsqu'ils sont déchus, les parents peuvent demander que l'enfant leur soit remis, mais seulement après l'expiration d'un délai de trois ans et s'ils ont obtenu une réhabilitation relative aux condamnations encourues par eux.

Quelques mots en passant sur la situation malheureuse dans laquelle se trouvent les enfants qui, par suite de divorce ou de séparation, restent à la charge de leur mère. Celle-ci doit souvent subvenir aux besoins d'une nombreuse famille et il est trop fréquent de voir le père se désintéresser absolument des petits êtres qu'il a mis au monde. Le tribunal l'a bien quelquefois condamné à servir à sa femme une pension alimentaire, mais cette décision reste lettre morte, la plupart du temps.

La femme se trouve dans la situation d'un créancier ordinaire : elle est obligée de faire saisir son mari ou de faire opposition sur les appointements de celui-ci, si elle veut obtenir quelque argent.

Outre que cette poursuite a pour résultat de raviver des querelles anciennes et de mettre en contact les deux époux qui se livrent dans ce cas à des scènes de violence, elle est rendue presque impossible dans les milieux sociaux peu fortunés.

En effet, il faut recourir à l'huissier. Or, l'assistance judiciaire n'est pas accordée pour l'exécution des jugements. Le serait-elle qu'il serait vraiment bien difficile à la femme de faire saisir et vendre le mobilier souvent insignifiant du père de ses enfants : parfois même ce dernier habite en garni.

Une opposition sur les appointements est aussi vaine. En effet, l'ouvrier peut changer d'atelier presque chaque jour, et à chaque changement il faudrait renouveler l'opposition.

Il en résulte donc que par suite du manque d'intérêt dont ils sont l'objet de la part du père, lequel devrait cependant être leur soutien légitime, beaucoup d'enfants se voient privés du strict nécessaire, bien que la mère se livre à un labeur continuel pour chercher à gagner de quoi vivre.

Pendant que la mère est à l'atelier, les petits restent seuls, ils s'ennuient, ils courent les rues et bientôt sont lancés en pleines fréquentations mauvaises, souillés à chaque pas par les manifestations multiples du vice.

Il existe bien une ordonnance de police qui interdit aux parents de laisser vagabonder leurs enfants dans les rues. Mais, en l'état actuel de la société, il est impossible de l'appliquer rigoureusement. Mais, dira-t-on, il arrive que la femme déserte le toit conjugal! Les conséquences sont, à notre avis, moins préjudiciables aux enfants, car le salaire du père est presque toujours plus élevé ; celui-ci est, par suite, moins gêné que sa femme pour subvenir aux besoins de sa famille.

Ne serait-il pas possible de faciliter à l'époux qui aurait la garde des enfants le moyen rapide et gratuit d'obtenir de son conjoint la protection à laquelle les enfants ont droit?

Si la situation des enfants restant à la charge du père ou de la mère est digne d'intérêt, celle des orphelins est autrement pitoyable !

Ils se trouvent dénués de tout appui moral et de toute aide matérielle; nul ne songe à subvenir à leurs besoins.

Tout petits, âgés de moins de seize ans, ils sont recueillis facilement par l'Assistance publique et placés, quel que soit leur âge, dans le service des moralement abandonnés; mais, au-dessus de cet âge, ils restent privés de soutien.

Heureux ceux qui trouvent à se placer. Les autres errent à l'aventure jusqu'à l'âge où ils pourront s'engager, si ce sont des garçons ; si ce sont des filles, quel sort leur est réservé ? On en voit, surtout pendant l'hiver, qui se rendent dans les postes comme vagabonds.

C'est encore la Préfecture de Police qui prend à leur égard des mesures de protection.

Plus ils sont âgés, plus il est difficile de les faire admettre dans les services hospitaliers ou dans les colonies d'assistance.

Ceux qui se font arrêter ainsi plusieurs fois ont de grandes chances d'être à jamais moralement perdus ; et s'ils subissent une première condamnation, ils se trouvent dans un engrenage d'où ils ne pourront sortir que difficilement.

Ils bénéficient à vrai dire d'une très grande indulgence, de la part de la Préfecture de Police et de la part du Parquet, qui appellent toujours sur eux, avant de les condamner, l'attention des œuvres de bienfaisance.

L'une des principales de ces œuvres humanitaires, une de celles qui reçoivent le plus d'enfants de treize à dix-huit ans, est la

Société pour le patronage de l'enfance et de l'adolescence, fondée par M. H. Rollet, avocat à la Cour d'appel, secondé vaillamment par son ami M. Guy Tomel, rédacteur au *Journal des Débats*.

Pendant l'année 1896, 1,666 enfants ont été recueillis par cette œuvre et, par dérogation aux statuts, un assez grand nombre d'adolescents, qui avaient dépassé l'âge de dix-huit ans, ont été admis en raison de leur condition intéressante.

Dès qu'ils se présentent à la maison de travail établie au numéro 13, rue de l'Ancienne-Comédie, ils sont admis, nourris et logés ; pour gagner leur nourriture, ils sont occupés à des travaux faciles.

Quand ils ont satisfait l'œuvre, on leur remet des bons qui leur permettent d'acheter des vêtements.

Tous ces jeunes gens se voient accorder, chaque jour, le temps nécessaire à la recherche d'un emploi ; ceux qui ne sont réellement pas courageux, ou qui ont contracté des habitudes vicieuses, ne manquent pas de disparaître peu de jours après leur entrée : la vie calme et réglée des pensionnaires de M. Rollet ne leur plaît pas. Ils préfèrent vagabonder. Si la lie s'en va, les bons restent, et ce sont ceux-là surtout qui profitent de l'organisation de l'œuvre, en ce sens qu'ils restent sous le patronage de la Société pendant plusieurs mois et que celle-ci arrive, la plupart du temps, à leur procurer un emploi.

De nombreuses maisons de commerce, d'industrie, ou des cultivateurs qui connaissent maintenant le fonctionnement de l'œuvre, s'adressent à elle pour obtenir des jeunes gens.

Pendant la même année 1896, 234 adolescents ont été placés à Paris, et 233 en province.

A côté de ces chiffres, il est bon de remarquer que 23 protégés ont contracté un engagement volontaire, 21 ont été aussi rapatriés.

Etant donné les faibles ressources de

l'œuvre, on peut considérer ce résultat comme merveilleux, d'autant mieux que la fondation Rollet date de six ans seulement.

Au sujet des adolescents abandonnés à eux-mêmes, il est bon de jeter les yeux sur certaines institutions étrangères qui se sont particulièrement occupées de la protection des enfants orphelins ou abandonnés à eux-mêmes.

Dans différents pays, dans certaines contrées de l'Allemagne notamment, il existe un conseil de tutelle permanent composé de plusieurs fonctionnaires.

Un enfant orphelin n'a qu'à se rendre au siège du conseil pour voir prendre à son égard des mesures de protection et faire les démarches nécessaires pour le placer.

Cette organisation n'aurait pas un caractère absolument administratif, de sorte que le conseil, en véritable tuteur, pourrait prendre immédiatement des mesures propres à assurer la subsistance de son pupille.

En France, une autre société de protection

de l'enfance est l'Œuvre familiale pour les orphelins de la Seine, qui a un véritable caractère officiel ; elle est administrée par un conseil composé du Préfet de la Seine, de deux représentants du Ministère de l'Intérieur, du Directeur de l'Assistance publique, de trois membres du Conseil général et de cinq Maires du département de la Seine.

Comme son titre l'indique, elle ne reçoit que des orphelins ; mais elle n'en rend pas moins de grands services, en empêchant les enfants d'être livrés à eux-mêmes, lors du décès de leurs parents.

Les sociétés de bienfaisance sont assurément nombreuses en France ; mais elles ont les unes et les autres leur organisation particulière ; chacune se meut dans le cercle étroit de ses ressources, de ses statuts et de ses relations. Il en résulte qu'elles ne peuvent ni s'entr'aider, ni concentrer leurs efforts pour faire avec pleine efficacité tout le bien qui est la préoccupation constante de ces fondations.

C'est ce qu'ont compris différentes personnes qui ont décidé de créer, il y a quelques années, l'Office central des Œuvres charitables.

Au lieu de distribuer à des quémandeurs inconnus, peut-être à des professionnels de la mendicité, des aumônes qui risquent de ne pas servir à l'usage auquel elles sont destinées, beaucoup de personnes charitables envoient leurs offrandes à l'Office central et lui signalent les besoigneux paraissant dignes d'intérêt.

Une enquête est faite sur ceux-ci ; l'Office concentre tous les renseignements relatifs à chaque solliciteur et voit immédiatement s'il est un client habituel des différentes sociétés de bienfaisance.

S'il est demandé un emploi, du travail, ou un secours en argent, l'Office central se met en rapport avec la société qui est le plus à même de recueillir le solliciteur.

Les familles qui s'adressent à l'Office central des Œuvres charitables sont certaines de pouvoir par cet intermédiaire placer leurs enfants, s'il est reconnu qu'elles sont dans la misère, ou qu'il y a intérêt pour ceux-ci à être retirés du milieu dans lequel ils vivent.

Ce serait manquer à notre devoir que de ne pas mentionner tout spécialement une société récemment fondée, mais qui s'est acquis dès sa naissance toutes les sympathies.

Nous avons nommé la Ligue fraternelle des Enfants de France, fondée en décembre 1895 par mademoiselle Lucie Félix Faure, qui en est encore la présidente.

Sentant profondément combien les enfants orphelins pauvres et abandonnés ont besoin d'aide, de secours, de protection et d'affection, mademoiselle Lucie Félix Faure a pensé pouvoir leur apporter un efficace appui en établissant les liens d'une véritable fraternité entre les enfants, jeunes gens et jeunes filles qui jouissent de l'aisance.

Du même coup elle s'associait tous les enfants des écoles qui voulurent contribuer, par leur modeste obole, au soulagement des petits malheureux, et tous les jeunes gens aisés des lycées et des écoles supérieures, jusques et y compris les écoles spéciales et les écoles militaires, qui tinrent à opérer de généreux prélèvements sur leur cassette des menus plaisirs.

Un conseil d'administration dirige la Ligue ; il est composé de jeunes gens et de jeunes filles parmi lesquels on remarque mesdemoiselles Madeleine Lépine, Louise Le Gall, Liard, Feuilloley, Alice Poirier ; MM. Louvet, sous-lieutenant à l'École d'application de Fontainebleau ; Decharme, étudiant d'agrégation à la Faculté des lettres, etc., etc.

La Ligue comprend actuellement six mille membres et elle rayonne en province, où de nombreux comités n'ont pas tardé à se former.

Depuis sa fondation, la Ligue a réparti 30,000 francs en secours divers entre des enfants appartenant à des familles nombreuses, et elle a une réserve importante en caisse.

La Ligue adresse les enfants privés de leurs soutiens naturels à la maison de travail de la rue de l'Ancienne-Comédie, fondée par le Patronage de l'enfance et de l'adolescence, dont nous avons déjà parlé.

Ils restent là jusqu'à leur placement chez des particuliers, dans des orphelinats ou dans des maisons de bienfaisance.

Comme on le voit, l'œuvre est éminemment utile, et l'idée de faire contribuer à son développement tous les enfants, tous les adolescents, garçons et filles, est heureuse ; elle est d'une haute portée morale, puisque tout en faisant le bien elle développe chez les jeunes gens aisés l'esprit de solidarité.

Pendant que les deux œuvres dont nous venons de parler viennent en aide aux familles nécessiteuses, l'*Union française pour le sauvetage de l'Enfance* recherche, signale à qui de droit et recueille les enfants maltraités ou en danger « moral ».

Cette Société, fondée sous les auspices de l'illustre et regretté Jules Simon, est peut-être la plus importante à l'heure actuelle. Comme elle ne reçoit dans ses asiles que les enfants, non vicieux, de parents indignes, elle provoque contre ceux-ci la déchéance de l'autorité paternelle qui lui est ensuite dévolue s'il y a lieu.

Quel que soit d'ailleurs leur titre, les œuvres de bienfaisance concourent toutes au même but : la protection de l'enfance et de l'adolescence.

Aussi se trouvent-elles complètement en communion d'idées avec M. Lépine, Préfet de Police, et M. Laurent, Secrétaire général, qui prêtent de grand cœur le concours administratif pour seconder les louables efforts faits en vue de protéger et de sauver l'enfance.

CHAPITRE X

LE TRAVAIL DE L'ENFANT

Une autre protection s'étend sur l'enfant : c'est ce que l'on peut appeler la protection des forces physiques.

Reprenons l'enfant au moment où nous l'avons laissé, entrant à l'atelier ou sortant des écoles professionnelles. On s'est attaché tout d'abord à ce qu'il ne travaille pas avant l'âge de treize ans.

Cependant, on fait une exception en faveur de l'enfant âgé de douze ans accomplis s'il a obtenu le certificat d'études primaires.

Dans ce cas, il est tenu de justifier de la possession d'un certificat d'aptitudes physiques délivré par le médecin chargé des nourrissons ou des écoles.

Si sa santé ou sa constitution est débile, il ne peut entrer dans une manufacture ou dans une usine.

Les adolescents des deux sexes âgés de moins de dix-huit ans sont protégés par la loi qui les astreint à avoir un livret d'apprenti. Ce livret est délivré gratuitement à la mairie.

Les enfants de moins de dix-huit ans, les filles mineures (ainsi que les femmes) ne peuvent être employés à un travail de nuit dans les usines, manufactures et ateliers.

Est considéré comme travail de nuit celui qui s'effectue entre neuf heures du soir et cinq heures du matin.

Pour éviter que les enfants ne soient victimes d'accidents, il est prescrit aux chefs d'ateliers d'entourer leurs machines, engrenages et courroies d'un grillage protecteur.

Si un accident survenait, il y aurait lieu d'en faire la déclaration à la mairie et au

Commissaire de Police dans les quarante-huit heures.

Les mêmes enfants âgés de moins de treize ans ne peuvent être employés dans les représentations publiques, données dans les théâtres ou dans les concerts sédentaires.

Toutefois le Ministre des Beaux-Arts peut, à titre exceptionnel, accorder une autorisation spéciale ne s'appliquant qu'à un enfant spécialement désigné.

Les théâtres et cirques forains rentrent dans la catégorie des professions ambulantes.

Cette question a été traitée dans un précédent chapitre, où l'on a vu que les peines édictées contre les contrevenants sont plus élevées lorsque ceux-ci sont des parents, tuteurs, etc.

Comme complément à la protection dont nous venons de parler, et qui s'applique à l'intérieur des ateliers, il est prescrit que les enfants au-dessous de dix-huit ans ne doivent pas porter des fardeaux trop lourds sur la voie publique. On a reconnu la nécessité d'empêcher que les adolescents ne soient employés par des patrons peu scrupuleux à porter des charges au-dessus de leurs forces.

Les jeunes ouvrières âgées de moins de dix-huit ans ne peuvent porter des paquets d'un poids supérieur à 10 kilos, et les jeunes garçons de quatorze à dix-huit ans des fardeaux supérieurs à 15 kilos.

Une progression a été établie aussi pour les enfants qui traînent ou poussent les voitures dans les rues.

On tient compte de l'âge de l'adolescent et de la nature de la charrette dont il se sert.

Il est assez rare d'ailleurs de trouver des jeunes enfants surchargés.

S'il arrivait que des jeunes gens fussent rencontrés porteurs de paquets trop lourds, leur patron serait l'objet de poursuites correctionnelles.

Ce n'est pas là une des seules responsabilités incombant aux exploitants, car, on le sait, ils sont responsables des dommages causés par leurs employés pendant que ceux-ci se trouvent à leur service.

A ce propos, nous nous permettons une remarque. Certains patrons ne sont pas suffisamment imbus de l'idée que leur responsabilité est importante ; ils semblent ignorer qu'aux yeux de la loi ils remplacent les parents auprès de l'enfant et que, par suite, ils doivent prendre des mesures pour empêcher que celui-ci ne dévie du droit chemin.

Ils s'attachent trop à tirer profit de l'enfant, sans s'occuper de le surveiller et de mettre sa moralité à l'abri des fréquentations et des camaraderies dangereuses.

CHAPITRE XI

LES DEVOIRS DE L'ENFANT

L'enfant a des devoirs à remplir envers ses parents et envers la société ; c'est une équitable réciprocité.

Il doit à ses parents respect et obéissance.

L'autorité paternelle ne doit pas être violée, et des moyens de correction sont prévus contre les enfants dont la conduite par trop libre donne aux parents de graves sujets de mécontentement. Le père peut solliciter du président du tribunal, contre son enfant mineur, une ordonnance autorisant la mise en correction.

Si l'enfant a moins de seize ans, la détention ne peut excéder un mois ; s'il a de seize à vingt ans, elle ne peut être supérieure à six mois.

La mère survivante et non remariée doit avoir l'autorisation de deux proches parents pour obtenir la mise en correction de ses enfants.

Une enquête est faite sur la situation morale des parents et sur la conduite habituelle de l'enfant, en suite de quoi le président du tribunal délivre l'ordre de détention, s'il y a lieu.

Les parents doivent s'engager à payer pour la pension de l'enfant une somme journalière de 0,75 centimes, à moins qu'ils ne justifient d'un état d'indigence complet.

Nous estimons que ce moyen de répression doit être employé le moins possible par les parents. Le père, en effet, doit avoir assez d'autorité morale sur sa jeune famille pour n'avoir pas à recourir à la justice ; et celle-ci ne doit intervenir que dans des circonstances tout à fait exceptionnelles, afin que le châtiment soit proportionné aux fautes commises.

Il n'est d'ailleurs pas absolument prouvé que la mise en correction ne produise que de bons effets sur tous les jeunes gens indistinctement. L'enfant quelque peu vicieux trouve une sorte de gloriole à mettre la justice dans l'obligation de s'occuper de lui.

Dans la maison de correction, s'il lui est donné d'entretenir des relations avec ses co-détenus, il recherchera ceux qui lui paraîtront les plus mauvais drôles.

Pour les autres, ceux qui ont au fond un bon naturel, la correction de courte durée est quelquefois utile ; mais il ne faut pas perdre de vue que le passage dans une maison de détention est une espèce de brevet dont l'enfant ne sera pas fier plus tard.

Nous devons reconnaître toutefois qu'il est des circonstances où le père doit recourir à la mise en correction et que, s'il ne le faisait pas quand il se sent incapable de ramener au bien son enfant, il n'aurait qu'à s'en prendre à lui des suites que pourrait avoir son manque d'énergie.

Les législateurs se sont montrés désireux d'empêcher que l'enfant ne s'engrenât dans les maisons de détention et l'on a posé en principe qu'au-dessous de seize ans, il est réputé avoir agi sans discernement, à moins d'une déclaration spéciale de la justice.

Il en résulte donc que la majorité pénale est atteinte à l'âge de seize ans.

C'est seulement alors que l'adolescent est considéré comme ayant pleinement conscience de la gravité des actes qu'il peut commettre. Au-dessous de cet âge et particulièrement quand l'enfant, en raison de son extrême jeunesse et du peu d'importance du délit commis, paraît digne d'intérêt, les commissaires de police n'envoient pas les petits inculpés au Dépôt par la voiture cellulaire. Ils doivent les faire conduire à la Préfecture de Police par les transports ordinaires, à moins que l'état de malpropreté des enfants ne soit une cause d'empêchement.

S'ils se trouvent en état de vagabondage, les enfants ne peuvent être condamnés à la prison.

Ceux qui se livrent à de mauvais traitements sur la personne de leurs parents se voient punis très sévèrement de peines qui ne peuvent être inférieures à la réclusion.

La loi entend établir la puissance de l'autorité paternelle et considère que toute atteinte grave portée à cette autorité est crimimelle. On peut le remarquer ici, l'élévation des peines demandées récemment pour les parents qui maltraitent leurs enfants arriverait à mettre l'un et l'autre sur le pied d'égalité devant la loi.

L'autorité paternelle étant toute-puissante, l'abus qui en est fait est aussi coupable de la part de qui la détient que peut être criminelle la violation de cette autorité par qui y est soumis.

Les soustractions commises par les enfants au préjudice de leurs parents ne sont pas punissables. On a considéré qu'une répres-

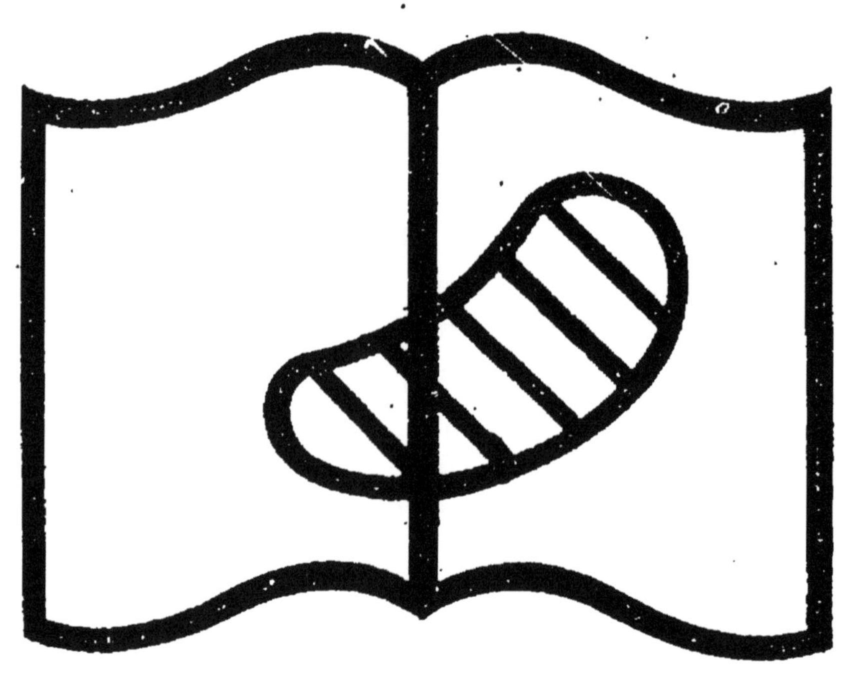

sion, dans des cas semblables, diviserait trop profondément les familles, mais on n'hésite pas à poursuivre les complices de ces sortes de vols.

Dans le cas même où il est décidé qu'un adolescent mineur de seize ans a agi avec discernement, il bénéficie, en raison de son âge et de son inexpérience, d'une réduction de peine qui empêche de le condamner à un emprisonnement supérieur à vingt ans.

La réclusion, les travaux forcés et la mort ne lui sont pas applicables; et, dans bien des cas, la juridiction correctionnelle est substituée pour lui à la cour d'assises.

La relégation, imaginée pour les récidivistes, ne s'applique pas non plus aux mineurs de moins de vingt et un ans, mais les condamnations qu'ils peuvent encourir avant cet âge leur sont comptées lorsqu'ils se trouvent en état de majorité.

Dans le cas où des jeunes gens mineurs de vingt et un ans ont été condamnés ou mis en correction, une éducation spéciale leur est donnée pendant leur détention dans les pénitenciers.

Des colonies placés sous la direction du Ministère de l'Intérieur font donner à ces jeunes gens une éducation morale et professionnelle, et même, après leur libération, ils peuvent être placés sous le patronage de l'administration ou des établissements particuliers, voire même des associations établies avec l'autorisation ministérielle dans le but de protéger les jeunes libérés.

Parmi ces associations, nous citerons la société fondée par M. Bonjean sous le titre de Société générale de protection de l'enfance abandonnée ou coupable.

Les enfants délaissés âgés de moins de seize ans qui lui sont désignés par l'autorité administrative ou judiciaire sont recueillis par elle et élevés.

Son intervention empêche bien souvent des jeunes gens d'être, ou condamnés, ou placés dans des maisons de correction.

Parmi les devoirs qui incombent à l'enfant,

un des plus importants est celui de fournir des aliments aux parents dans le besoin.

Cette obligation s'étend aux alliés en cas de mariage des enfants, c'est-à-dire à la bru et au gendre.

CHAPITRE XII

L'ÉTABLISSEMENT DE L'ENFANT

Nous avons vu qu'avant sa majorité, l'enfant était incapable de faire aucun des actes de la vie civile.

En vue de son établissement, des exceptions ont été toutefois apportées ; il lui est loisible dans un contrat de mariage de prendre, bien que mineur, des dispositions qui produiront leur effet s'il est assisté des personnes dont le consentement est requis pour la validité du mariage.

Il ne peut faire le commerce, sauf toutefois à partir de l'âge de dix-huit ans et s'il est émancipé ; encore lui faut-il une autorisation spéciale de son père ou, à défaut du père, de la mère.

Dans ce cas, les actes qu'il peut accomplir sont d'une absolue validité ; mais il a l'obligation, avant de commencer le commerce, d'en faire la déclaration au greffe du Tribunal de Commerce. Le père, et, en cas de décès ou de déchéance, la mère, peut émanciper l'enfant mineur âgé de plus de quinze ans, en faisant une déclaration devant le Juge de paix de son domicile.

Un curateur est donné à l'émancipé.

L'enfant âgé de plus de seize ans a la faculté de disposer de ses biens par testament, mais il ne peut le faire que jusqu'à concurrence seulement de la moitié de la quotité disponible pour un majeur.

Il en résulte donc qu'il pourrait y avoir intérêt, à ce point de vue seul, à faire interdire un mineur qui se trouve dans un état habituel de fureur, de démence ou d'imbécillité.

L'interdiction aurait pour but d'empêcher l'adolescent de tester, puisqu'il deviendrait complètement incapable par suite de cette mesure même.

Certains menus droits sont également accordés aux enfants âgés de plus de seize ans; par exemple celui de placer et de retirer à la caisse d'épargne postale leurs petites économies.

Un droit leur est donné sur la pension de leur père, lorsque celui-ci, jouissant d'une retraite comme fonctionnaire, vient à décéder.

Les enfants ne peuvent rien exiger de leurs parents s'ils veulent fonder un foyer, et ce qui est employé pour eux dans le but de les établir doit être rapporté lors de l'ouverture de la succession de l'ascendant.

Dans le cas où il s'agit de constituer une dot à l'enfant d'un interdit, la quotité en est fixée par le conseil de famille et l'homologation de la délibération doit être poursuivie devant le tribunal.

Les garçons âgés de dix-huit ans peuvent contracter un engagement volontaire dans l'armée de terre, à condition de produire le consentement du père, de la mère ou du tuteur (ce dernier doit être autorisé par le conseil de famille).

L'enfant âgé de plus de seize ans peut aussi contracter un engagement dans l'armée de mer, mais il doit justifier du même consentement, lequel n'est plus obligatoire à partir de l'âge de vingt ans.

Le consentement du Directeur de l'Assistance publique, ou du Préfet dans les départements, remplace, pour les enfants moralement abandonnés, celui des père et mère.

Pour contracter cet engagement, il faut être célibataire, n'avoir subi aucune condamnation et produire, outre le casier judiciaire, un certificat de bonnes vie et mœurs et un bulletin de naissance.

L'œuvre fondée par M. Voisin, le distingué conseiller à la Cour de Cassation, s'occupe de faciliter aux jeunes gens le moyen de contracter un engagement volontaire, surtout en cas de délaissement ou de disparition des parents.

Le garçon à partir de l'âge de dix-huit ans, et la fille à partir de celui de quinze ans, peuvent contracter mariage, et à tout âge ils doivent produire le consentement du père, à son défaut, de la mère, ou bien encore, en cas de décès, disparition ou déchéance des deux, celui des aïeuls.

Si tous les ascendants sont morts, il suffira de justifier de leur décès.

Cependant les enfants mineurs doivent, à défaut des ascendants, produire, pour le mariage, l'autorisation du conseil de famille.

Jusqu'à l'âge de vingt-cinq ans pour les garçons, et de vingt-et-un pour les filles, ceux-ci ne peuvent se marier sans le consentement de leurs aïeuls, s'ils existent.

Dans le cas où ils auraient la majorité ci-dessus, il leur suffirait de demander, par un acte notarié, le consentement exigé.

En cas de refus, il peut être passé outre un mois après cet acte respectueux.

Dans le cas où le père ou la mère est disparu, il suffit de produire un acte de notoriété dressé devant le juge de paix, sur la déclaration de quatre témoins.

Toutes les formalités relatives au mariage peuvent s'accomplir gratuitement, et les actes de l'état civil nécessaires sont tous délivrés sur papier libre, quand les futurs époux justifient de leur indigence en produisant un certificat délivré, d'abord par le percepteur, lorsque les futurs ne paient pas de contributions, ensuite par le Commissaire de Police, et par le Juge de paix.

Ces simplifications et gratuités ont été apportées, il y a déjà longtemps, pour faciliter le mariage.

Les ascendants peuvent seuls faire opposition au mariage de leurs enfants. C'est alors une procédure qui s'engage devant le tribunal qui décide dans les dix jours si cette opposition doit être maintenue.

CONCLUSION

Nous le disions en tête de cette étude, notre prétention n'a pas été de soumettre au lecteur une œuvre complète et détaillée : plusieurs volumes eussent été nécessaires. Nous nous sommes efforcé de faire connaître, sans sortir d'un cadre restreint, la condition de l'enfant et de l'adolescent dans la société française moderne, en exposant le plus brièvement possible leur situation civile.

Nous avons résumé les lois actuellement en vigueur qui y sont relatives, les entreprises criminelles et délictueuses pouvant être tentées, et les moyens de protestation susceptibles d'être employés pour protéger physiquement et moralement l'enfant et l'adolescent.

Nous avons pris à tâche de nous maintenir strictement dans une absolue neutralité et de ne formuler aucune critique.

Notre but a été d'éclairer le lecteur; il appartient à celui-ci de se former une opinion, d'approuver ou de désapprouver les quelques remarques faites au cours de cet ouvrage, et de rechercher les moyens d'améliorer encore la situation de l'enfant et de l'adolescent.

ÉTABLISSEMENTS HOSPITALIERS

ÉTABLISSEMENTS HOSPITALIERS

LIGUE FRATERNELLE
DES
ENFANTS DE FRANCE

PRÉSIDENTE : MADEMOISELLE LUCIE FÉLIX FAURE

Vient en aide aux familles nombreuses et nécessiteuses, recueille les enfants orphelins, pauvres et abandonnés. — Ecrire.

ASILES DE NUIT POUR FEMMES

Asile George-Sand, rue de Stendhal, nº 1. — Municipal.

Les femmes, enceintes ou non, y sont reçues avec leurs enfants pendant cinq nuits au plus, après quoi elles peuvent entrer à l'asile Pauline-Roland.

Œuvre Laubespin, 52, avenue de Versailles.

Maison de travail pour femmes ; elles y sont hospitalisées.

Œuvre de l'Hospitalité de nuit.

1° Rue de Tocqueville, 59.

2° Boulevard de Vaugirard, 14.

3° Rue Laghouat, 13.

4° Boulevard de Charonne, 122.

Femmes et enfants y sont reçus pendant trois nuits consécutives ; deux mois d'intervalle sont nécessaires entre deux séjours.

Société Philanthropique.

1° Rue Saint-Jacques, 253.

2° Rue Labat, 44.

3° Rue de Crimée, 166.

Femmes et enfants sont reçus pendant trois nuits consécutives ; deux mois d'intervalle entre chaque séjour.

ASILES-OUVROIRS AVANT ACCOUCHEMENT

ASILES TEMPORAIRES

Asile Pauline-Roland. — Rue Fessart, n° 35. — Directrice : madame Decaye. A caractère municipal.

Reçoit les femmes, domiciliées ou non, à partir des premiers mois de la grossesse, et les garde jusqu'au huitième mois, époque à laquelle elles sont dirigées sur l'asile Michelet. — Les enfants y sont gardés avec leur mère, quels que soient leur âge et leur nombre ; toutefois, les garçons de plus de sept ans sont placés temporairement à l'hospice Denfert-Rochereau.

Les femmes non enceintes y sont reçues aussi, mais elles n'y peuvent rester plus de trois mois ; dans ce cas on n'admet que les femmes sans asile ni moyens d'existence.

Toutes doivent travailler au blanchissage, au repassage ou à la couture. — Outre la nourriture, le logement et l'habillement, elles gagnent 0 fr. 50 par jour ; elles peuvent sortir pour se chercher du travail ; l'asile les place au besoin.

Elles peuvent être admises sans avoir séjourné à l'asile George-Sand.

Asile Michelet, 235, rue de Tolbiac. — Municipal.

Reçoit les femmes à partir du huitième mois. — Elles ne travaillent pas et sont dirigées au dernier moment sur les hôpitaux d'accouchement.

Asile-Ouvroir, 203, avenue du Maine.

Reçoit les femmes enceintes à partir du septième mois. — Elles travaillent. — Comme à Michelet, les enfants sont reçus et placés temporairement à l'hospice des Enfants-Assistés.

Asile-ouvroir de la Société Philanthropique, 251, rue Saint-Jacques.

Reçoit les femmes enceintes à partir du septième mois de grossesse. Les enfants sont recueillis provisoirement par l'Assistance publique.

Asile-ouvroir, 166, rue de Crimée.

Reçoit les femmes à partir du septième mois de grossesse. Les enfants sont admis à l'Assistance publique.

Asile-ouvroir, 44, rue Labat.

Reçoit les femmes à partir du septième mois de grossesse. Les enfants sont placés provisoirement à l'Assistance publique.

Asile Sainte-Madeleine, 8, impasse Robiquet.

Les femmes y sont reçues avec leurs enfants à n'importe quelle époque de la grossesse.

Ouvroir Saint-Raphaël, 297, rue Saint-Jacques.

Reçoit les femmes enceintes à n'importe quelle époque de la grossesse. Perçoit une rétribution mensuelle de 25 francs. Soigne pendant l'accouchement et s'occupe de la mise en nourrice.

Œuvre de l'Hospitalité du travail, 52, avenue de Versailles.

Reçoit les femmes *non enceintes*, pendant un temps qui ne peut excéder quarante jours; elles sont couchées et gagnent en travaillant 1 fr. 50 par jour, doivent se nourrir à la cantine, se blanchir et s'habiller.

Asile Protestant, 48, boulevard de la Villette.

Reçoit les femmes enceintes pendant un temps plus ou moins long, selon les circonstances.

HOPITAUX D'ACCOUCHEMENT

Hôpital Baudelocque, boulevard de Port-Royal, 125.

Clinique d'accouchement, rue d'Assas, 89.

Maternité, boulevard du Port-Royal, 119-121.

OUVROIRS
APRÈS ACCOUCHEMENT

Asile du Vésinet, dans la localité même;

Asile Ledru-Rollin, à Fontenay-aux-Roses,

Reçoivent, pendant deux semaines au minimum, les femmes sortant des hôpitaux d'accouchement.

Asile maternel, avenue du Maine, 201, Paris.

Reçoit les femmes récemment accouchées et les garde avec leurs enfants pendant dix jours après la sortie de l'hospice ou de chez les sages-femmes.

Asile Sainte-Madeleine, impasse Robiquet, 8.

Asile-ouvroir Jeanne-d'Arc, rue Rubens, 10-12.

Asile du Saint-Cœur-de-Marie, 39, rue Notre-Dame-des-Champs.

HOPITAUX D'ENFANTS

Hôpital Trousseau, 89, rue de Charenton.

Reçoit les enfants jusqu'à l'âge de quinze ans. Consultations tous les jours, à neuf heures du matin.

Hôpital des Enfants-Malades, 149, rue de Sèvres.

Reçoit les enfants jusqu'à l'âge de quinze ans. Consultations tous les matins, sauf le dimanche.

Œuvre des Enfants tuberculeux, rue de Miromesnil, 35.

Recueille et fait soigner à l'hôpital d'Ormesson les enfants pauvres atteints de tuberculose.

Asile des Jeunes Garçons incurables, 223, rue Lecourbe.

Reçoit les enfants infirmes âgés de cinq à douze ans.

SOCIÉTÉ D'ALLAITEMENT

Société protectrice de l'Enfance, rue de Suresnes, 5.

Président d'honneur : M. le docteur Théophile Roussel, sénateur.

Donne des secours en argent aux mères nécessiteuses, mais accorde surtout des layettes, bons de viande et bons de lait.

Société de Charité maternelle, 3, rue de Marignan.

Assiste les parents ayant un enfant en bas âge.

Allaitement maternel, 43, rue de Sèvres.

Distribue des aliments et du lait aux jeunes mères qui allaitent et élèvent leurs enfants.

ASILES TEMPORAIRES
POUR ENFANTS

Hospice des Enfants-Assistés, 74, rue Denfert-Rochereau.

Reçoit, jusqu'à seize ans, les enfants des deux sexes, pendant que les parents sont à l'hôpital, ou pendant une détention préventive, ou à la suite de condamnation.

Asile temporaire, rue de Gergovie, 88, et avenue Villemain, 39.

Reçoit les enfants entre l'âge de trois mois et sept ans, pendant la durée du séjour de leurs mères à l'hôpital. Ne fait pas de distinction de culte.

Dans le premier cas, conduire les enfants à l'hôpital où les parents sont en traitement.

Dans les deux autres cas, les mener chez le Commissaire de Police du quartier.

Maison maternelle, 41, rue Fessart.

Recueille pendant une durée de trois mois, au plus, les enfants des travailleurs qui, par suite de maladie ou de chômage, se trouvent momentanément aux prises avec la misère.

Reçoit les garçons âgés de trois à six ans et les filles âgées de trois à douze ans

Asile Léo-Délibes, 58, rue du Landy, à Clichy-la-Garenne.

Recueille les enfants de Paris âgés de quinze mois à cinq ans, à condition qu'ils n'aient pas de maladie contagieuse ; les garde pendant deux mois au plus.

SOCIÉTÉS DE PROTECTION

DE L'ENFANCE

Service des Enfants assistés, 74, rue Denfert-Rochereau.

Reçoit directement les enfants âgés de moins de douze ans, quand les parents en font l'abandon ou quand ce sont des orphelins; — les reçoit aussi s'ils sont envoyés par la justice.

Office central des œuvres de bienfaisance, 175, boulevard Saint-Germain.

Est en rapport avec toutes les institutions charitables. Indique les œuvres et intervient auprès d'elles pour les placements et secours.

Société de Prévoyance mutuelle des Enfants, rue Drouot, 27.

Les membres participants doivent être âgés de 4 à 16 ans et payer une cotisation mensuelle de 1 franc. En cas de maladie, ils ont droit gratuitement aux visites de médecins et médicaments.

Les parents des jeunes sociétaires peuvent obtenir des secours. Les sociétaires devenus orphelins de père et de mère sont recueillis par la Société.

Œuvre des Enfants délaissés, 83, rue Notre-Dame-des-Champs.

Recueille les petites filles de huit à douze ans, orphelines de mère.

Société de l'orphelinat de la Seine, 28, rue Saint-Lazare.

Recueille, sans distinction de culte ni d'origine, les enfants du département de la Seine orphelins ou abandonnés. Pas de limite d'âge.

Œuvre familiale pour les orphelins de la Seine, siège au Ministère de l'Intérieur.

Ecrire. Recueille les garçons orphelins de père et de mère, domiciliés dans le département de la Seine.

Œuvre de l'adoption, 9, rue Casimir-Delavigne.

Laïque et religieuse. Recueille les enfants orphelins des deux sexes, même naturels, entre sept et dix ans; les garde jusqu'à dix-huit ans.

Union française pour le sauvetage de l'Enfance, 108, rue de Richelieu.

Recherche, signale à qui de droit et recueille gratuitement les enfants maltraités, moralement abandonnés ou ayant des parents d'une inconduite notoire ou condamnés; ne fait pas de distinction d'origine, d'âge, ni de religion. Provoque la déchéance des parents indignes.

Société contre la mendicité des enfants, 75, rue Denfert-Rochereau.

Recherche les petits mendiants ; les lui signaler ; place les enfants et vient en aide aux parents s'ils sont intéressants, sinon provoque l'intervention de la justice.

Société générale de protection pour l'Enfance abandonnée ou coupable, 47, rue de Lille.

Recueille à titre gratuit ou onéreux (dans ce dernier cas, 30 fr. par mois) les enfants âgés de six à seize ans qui sont délaissés par leurs parents ou qui vivent dans un milieu vicieux ou criminel ; les patronne ensuite.

Orphelinat maçonnique, 19, rue de Crimée.

Recueille les enfants des deux sexes sans limite d'âge ; n'admet que les orphelins de pères membres actifs de la maçonnerie ou de mères femmes ou filles de maçons.

Refuge de Neuilly, 9, boulevard de la Saussaye, à Neuilly.

Pour les jeunes filles moralement abandonnées, à partir de l'âge de cinq ans, dans les mêmes conditions que l'orphelinat de Rothschild.

Orphelinat de Rothschild, 12, rue Lamblardie.

Recueille les enfants des deux sexes, devenus orphelins à Paris, depuis l'âge de cinq ans, et les garde jusqu'à ce qu'ils puissent gagner leur vie.

Comité de bienfaisance Israélite de Paris, rue Saint-Claude, n° 3.

S'intéresse à tous les enfants abandonnés, sans distinction de sexe ni limite d'âge.

Refuge du Plessis-Piquet, au Plessis-Piquet (Seine).

École agricole pour les garçons de dix à seize ans, qui en sortent lorsqu'ils sont capables de gagner leur vie.

Orphelinat Quenessen, Neuilly-sur-Seine, 86, boulevard Victor-Hugo.

Reçoit les enfants des deux sexes âgés de trois ans au moins et sept ans au plus, et les garde jusqu'après leur première communion; n'admet que des orphelins de mère, nés dans le département de la Seine.

SOCIÉTÉS DE PROTECTION DES ADOLESCENTS

Patronage de l'enfance et de l'adolescence, 13, rue de l'Ancienne-Comédie.

Reçoit les garçons de douze à dix-huit ans qui sont à Paris sans asile ni travail. Les emploie, subvient à leurs besoins et leur trouve une place.

Service des enfants moralement abandonnés, 3, avenue Victoria.

Reçoit les enfants de douze à seize ans :

1° Quand les parents font l'abandon de leurs droits de garde, (Adresser une demande à l'Assistance publique ou au Commissaire de Police.)

2° Quand la justice ou les Commissaires de Police envoient les enfants d'office.

Société de protection des engagés volontaires, 11 *bis*, rue de Milan.

Facilite l'engagement dans l'armée de terre ou de mer aux jeunes gens orphelins ou abandonnés, au besoin les fait hospitaliser.

Œuvre de l'adoption des Petites filles abandonnées, 12, rue de Ponthieu.

Recueille les petites filles de douze à seize ans qui ont perdu leurs parents ou qui n'ont pas une suffisante protection morale. Les garde jusqu'à l'âge de vingt et un ans.

Association des jeunes économes, 159, rue de l'Université.

Pourvoit aux besoins et à l'éducation morale et professionnelle des jeunes filles au-dessous de l'âge de vingt et un ans.

Ecole de Travail, 4 *bis*, rue des Rosiers.

Pour les garçons à partir de l'âge de treize ans, pendant quatre ans au plus.

Ecole Bischoffsheim, 13, boulevard Bourdon.

Ecole de travail pour les filles à partir de treize ans, pendant trois ou quatre ans.

Œuvre des Enfants pauvres, 74, rue de l'Abbé-Groult.

Recueille les fillettes de douze à quinze ans, qu'elles soient orphelines ou seulement pauvres.

Société d'apprentissage, 10, rue du Parc-Royal.

Association pour le placement en apprentissage, 37, rue de Turenne.

Recueillent et patronnent les jeunes garçons orphelins de treize à quinze ans.

Œuvre des libérées de Saint-Lazare. — Directrice : madame Bogelot; Secrétariat : place Dauphine, 14. — Asile à Billancourt.

Recueille soit à Saint-Lazare, soit à leur sortie de prison, les femmes ou filles libérées et susceptibles de s'amender. Reçoit les enfants, les hospitalise et les place. Pas de distinction d'âge ni de nationalité.

FIN

TABLE DES MATIÈRES

ÉMILE COLIN — IMPRIMERIE DE LAGNY

DE LA

Librairie Illustrée

MONTGREDIEN & Cie

8, rue Saint-Joseph, 8

Baudry de Saunier. — Le Cyclisme théorique et pratique. — Histoire du Cyclisme, machines employées, anatomie cycliste, construction d'un cycle, trépidation, cyclisme au point de vue médical. La course, le tourisme, les femmes en cycle, les curiosités cyclistes, le cyclisme militaire, la législation cycliste, les sociétés, la bibliothèque cycliste, l'avenir du cyclisme.

1 très beau vol. in-8°, orné de nombreuses gravures en noir et en couleur. Cartonnage anglais. 12 fr. »

Dr Beaulavon. — La Phtisie. — Hygiène, cure, guérison.

1 vol. in-18 raisin. . . . . 2 fr. »

Coffignon. — Les Coulisses de la Mode.

La Mode et sa physiologie, fleurs et plumes, les chapeliers, les tailleurs, l'art du couturier, les grands magasins, le bijou, la fourrure.

1 vol. in-18 jésus. Broché. . . . . 3 fr. 50

H. Cozic. — La Bourse mise à la portée de tous.

Ce qu'elle a été, ce qu'elle est, ce qu'elle sera. Ouvrage indispensable aux Banquiers, aux Sociétés financières, aux Compagnies d'assurances, aux Rentiers, aux Propriétaires, aux Commerçants, aux Receveurs de rentes, aux Porteurs de titres, Actionnaires, Obligataires, aux dépositaires des Caisses d'épargne, aux Familles, etc...

1 beau vol. in-8°. Cartonn. anglais . . . 12 fr. »

Louis Defert. — L'Enfant et l'Adolescent dans la Société moderne. — Naissance. Enfants trouvés. Mortinatalité. Premiers jours. Premiers protecteurs. En nourrice. Abandonnés. Protection physique. Protection des biens. Protection morale. Travail des enfants. Devoirs de l'enfant. Etablissement de l'enfant.

1 vol. in-18 raisin. Broché. . . . . 2 fr. »

Frédéric Dillaye. — La Pratique en photographie, avec le procédé au gélatino-bromure d'argent.
1 très beau vol. in-8°, orné de 200 illustrations, dont 13 phototypographies, d'après les photographies de l'auteur. Broché . . . . 4 fr. »

— L'Art en photographie
Art et Nature. Le Paysage, la Nature.
1 très beau vol. in-8°, orné de nombreuses illustrations, d'après les photographies de l'auteur. Br. 4 fr. »

— Les Nouveautés photographiques.
Supplément annuel à la *Théorie, la pratique et l'art en photographie.*
Année 1893, 1 beau volume in-8°, très illustré. Broché . . . . 5 fr. »
Année 1894, 1 beau volume in-8°, très illustré. Broché . . . . 5 fr. »
Année 1895, 1 beau volume in-8°, très illustré. Broché. (*Epuisé*).
Année 1896, 1 beau volume in-8°, très illustré. Broché . . . . 5 fr. »
Année 1897, 1 beau vol. illustré. Broché . 2 fr. »

Engelbrecht-Bauer. — *Nouvelle Méthode de langues vivantes destinée aux Ecoles, aux Familles et aux gens du monde.*

L'Anglais simplifié. Prononciation de l'article, adjectif déterminatif et qualificatif, substantif, pronom, de la construction du verbe, mots invariables, compléments, monnaies, poids et mesures, abréviations, exercices, théories, versions corrigées.
1 beau volume in-8° broché . . . . . 4 fr. »

L'Allemand simplifié. les lettres, de l'article, adjectif déterminatif et qualificatif, substantif, pronom, de la construction du verbe, mots invariables, adverbe, préposition, conjonction, interjection, vocabulaire, lecture, récitation, exercices corrigés.
1 beau volume in-8° broché . . . . . 4 fr. »

F. Faideau. — La Botanique amusante.
Récréation scientifique en plein air et dans l'appartement. Expériences et Récréations sur la tige, la fleur, la feuille, la racine; germination rapide, mouvement

des plantes, dénomination des graines, cultures bizarres, jouets rustiques, plantes à formes animées, curieuses particularités sur les végétaux.

1 beau vol. petit in-8°, très illustré. Br. . . 3 fr. 50

F. Faideau. — Les Amusements scientifiques.

Récréations sur les illusions ou erreurs des sens. Erreurs du toucher, du goût, de l'odorat, de l'ouïe Illusions d'optique : la persistance des sensations lumineuses, la vision des couleurs ; l'irradiation, le relief, l'appréciation des distances ; la vision des objets éloignés et des monuments élevés, l'estimation oculaire, les illusions optiques du mouvement, le rôle de l'imagination dans la vision. Ouvrage orné de 128 gravures et suivi d'une description des sens.

1 beau vol. petit in-8°. Broché. . . . . . 3 fr. 50

B.-H. Gausseron. — La Vie en Famille.

I. — *Doit-on se marier ?* 1 vol. in-18 broché. 3 fr. 50

II. — *Comment vivre à deux ?* 1 vol. in-18 broché. . . . . 3 fr. 50

III. — *Comment élever nos enfants ?* 1 vol. in-18 broché . . . . 3 fr. 50

IV. — *Que feront nos garçons ?* 1 vol. in-18 broché. . . . . 3 fr. 50

V. — *Que faire de nos filles ?* 1 vol. in-18 broché. . . . . 3 fr. 50

VI. — *Où est le bonheur ?* 1 vol. in-18 broc. 3 fr. 50

Girard et Arrenaud. — La Musique sans professeur en 50 leçons. à l'usage des familles, des amateurs, des institutions des jeunes gens et de jeunes filles, des société chorales et instrumentales, etc. Voix et instruments.

1 vol. in-4° broché . . . . 12 fr. »

H. Lefèvre. — La Comptabilité.

Théorie, pratique, enseignement. Comptabilités et tenues de livres du commerce, de l'industrie et de l'agriculture, de la banque et de la finance, des assurances et des chemins de fer. Comptabilité publique, notions générales de change et de bourse.

1 beau vol. in-8° cartonné . . . . 12 fr. »

H Lefèvre. — Le Commerce.

Théorie, pratique, enseignement. Ouvrage suivi du *Dictionnaire du commerçant*, comprenant tous les termes de commerce, banque, bourse, finance et navigation; le droit commercial, les usages des principales places, etc.; poids, mesures, monnaies.
1 beau vol. in-8° cartonné. . . . . . . 12 fr. »

Mantegazza. — Hygiène de l'amour.
1 vol. in-18 broché. . . . . 3 fr. 50

— **L'amour dans l'humanité.**
1 vol. in-18 broché .. . . 3 fr. 50

— **La physiologie de la douleur.**
1 vol. in-18 broché. . . . . 3 fr. 50

— **Comment se marier ?**
1 vol. in-18 broché. . . . . 3 fr. 50

— **La physiologie de la femme.**
1 vol. in-18 broché . . . . . 3 fr. 50

R. Manuel. — Les petites industries d'amateur.

Trucs, procédés et tours de main pour entretenir, construire et raccommoder soi-même les objets du ménage. 268 gravures explicatives dans le texte.
1 vol. in-18 raisin cartonné. . . . . . . 2 fr. 50

— Les petits arts d'amateur.

Dessin, peinture, modelage, sculpture, gravure, dorure, découpage, habillage des meubles, etc. 148 gravures explicatives dans le texte.
1 vol. in-18 raisin cartonné. . . . . . . 2 fr. 50

P. Moride. — Les lois françaises expliquées.

Législation civile, pénale, commerciale, industrielle, rurale, financière, militaire, municipale, administrative, etc. Ouvrage accompagné de 100 formules des actes les plus usuels.
1 beau vol. in-8° illustré, cartonné. . . 12 fr. »

T. de Moulidars. — Grande Encyclopédie des jeux et des divertissements de l'esprit et du corps, contenant tous les jeux anciens et nouveaux de calcul, d'adresse, de hasard, jeux de salon, de préau, de cour, etc.
1 beau vol. in-8° illustré, cartonné . . . 12 fr. »

T. de Moulidars. — Dictionnaire encyclopédique des Connaissances utiles. — Inventions et découvertes, histoire naturelle, géographie usuelle, législation pratique, etc.

1 très fort vol. in-8° colombier, illustré de nombreuses gravures. Relié solidement, avec coins. . . 20 fr. »

G. Moynet. — Trucs et Décors.

La machinerie théâtrale. Explication raisonnée de tous les moyens employés pour produire les illusions théâtrales. Parallèle des différentes machineries. Théâtres en bois et en fer. Application de la vapeur, de l'hydraulique, de l'électricité. Les grandes scènes d'opéra en France et à l'étranger. Equipes et trucs des féeries et des pantomimes à clowns. Les appareils d'optique. Les théâtres géants. Le vol de la mouche d'or. La Loïe Fuller. L'éclairage. Les grands trucs récents. Le décor et la mise en scène, etc.

1 très beau vol. in-8°, nombreuses gravures.
Broché. . . . . 10 fr. »

Edm. Renoir. — La Pêche mise à la portée de tous. — Engins, matériel, le pêcheur, la pêche, le poisson, petites et grandes pêches, législation, jurisprudence.

1 joli volume in-12, très gros, avec gravures noires et coloriées. Broché. . . . . 3 fr. 50

Paul Rouaix. — Dictionnaire des Arts décoratifs.

A l'usage des amateurs, des artisans, des artistes et des écoles. Ouvrage illustré de très nombreuses gravures et formant un répertoire d'inépuisables renseignements sur les arts industriels.

1 beau volume in-8° colombier. Broché . 20 fr. »
Relié . . 24 fr. »

E. Valton. — Le Dessin théorique et pratique.

Premiers exercices, géométrie, perspective, tracé des ombres, anatomie, composition, architecture, ameublement, costume.

1 beau vol. grand in-8°, très illustré. Broché. 20 fr.
Relié. . 24 fr.

Trésor de la Vie pratique.

Ouvrage indispensable à tous les ménages. Préface de Madame Louise de Salles.

1 très fort vol. in-8° de 750 pages. Broché. 4 fr. »

Il est le plus populaire des dictionnaires, étant donné ce qu'il contient, qu'on a volontairement restreint à ce qu'il est seulement nécessaire de savoir, étant admis son texte clair et compréhensible pour tous.

C'est la plus pratique des encyclopédies parce qu'elle est débarrassée de tout le fatras de choses inutiles, des grands mots scientifiques aux allures barbares autant qu'inconnues, des locutions vieillies qui n'appartiennent plus au langage usuel.

Il englobe tout le répertoire du savoir humain par l'immense étendue de ses matières, l'exactitude et la nouveauté des renseignements qu'il renferme.

Il est lisible pour tous par le soin apporté à son édition, l'emploi de caractères plus gros que ceux généralement employés dans les ouvrages similaires.

Il est le livre de tous : Gens du monde, Avocats, Médecins, Notaires, Industriels, Commerçants; aux Artisans, aux Employés de l'Industrie, du Commerce, aux jeunes Etudiants, aux Chefs d'ateliers, aux Ouvriers même désireux de s'éclairer et de s'instruire.

Le **Nouveau Dictionnaire Encyclopédique Trousset** s'adresse à la généralité des masses, laissant aux esprits supérieurement cultivés, aux savants, les grandes encyclopédies qu'il n'a pas la prétention d'imiter.

Il est accessible à toutes les bourses, par la modicité relative de son prix, eu égard au nombre considérable d'ouvrages qu'il remplace et qui formeraient toute une bibliothèque d'un prix très élevé s'il fallait les acquérir.

Le **Nouveau Dictionnaire Encyclopédique** de **Trousset** forme **sept gros et forts volumes** format in-4° (0,33×0,25), représentant la matière de **quatre-vingts volumes** in-4° à **7,50**, soit une valeur de librairie de plus de *six cents francs.* Il renferme plus de 3,700 gravures sur cuivre et sur bois, de villes, monuments, machines, 110 cartes en couleurs.

Prix exceptionnels de bon marché :

150 francs les 7 volumes. Brochure absolument solide.	Les 7 volumes, reliure inusable, demi-chagrin, plats toile, carton très fort. **180** fr.

Pour le compléter à tous les points de vue, il est offert à titre de

Primes absolument gratuites

1° **Dictionnaire de biographie contemporaine** des hommes célèbres français et étrangers. (Le dictionnaire est réuni avec le tome VI de l'ouvrage.)

2° **Un atlas universel** de 110 cartes tirées en couleurs et contenant les cartes de toutes les parties du monde, avec notice détaillée sur chacune d'elles, et les cartes de tous les départements français. Cet atlas forme un septième volume.

ÉMILE COLIN — IMP. DE LAGNY

www.ingramcontent.com/pod-product-compliance
Ingram Content Group UK Ltd.
Pitfield, Milton Keynes, MK11 3LW, UK
UKHW020446200726
13857UKWH00002B/592